W0191483

Inhaltsverzeichnis

Original-Prüfungsaufgaben

Bei **MyStark** findest du:

– **Interaktives Training** zum hilfsmittelfreien Teil

– **Jahrgang 2023**, sobald dieser zum Download bereit steht

Den Zugangscode zu MyStark findest du auf der Umschlaginnenseite.

Autor der Übungsaufgaben, Tipps und Lösungen:

Udo Mühlenfeld

2024

Zentrale Prüfung

Original-Prüfungsaufgaben
mit Lösungen

Gymnasium · Gesamtschule NRW

Mathematik 10. Klasse

© 2023 Stark Verlag GmbH
1. Auflage
www.stark-verlag.de

Das Werk und alle seine Bestandteile sind urheberrechtlich geschützt. Jede vollständige oder teilweise Vervielfältigung, Verbreitung und Veröffentlichung bedarf der ausdrücklichen Genehmigung des Verlages. Dies gilt insbesondere für Vervielfältigungen, Mikroverfilmungen sowie die Speicherung und Verarbeitung in elektronischen Systemen.

Vorwort

Liebe Schülerin, lieber Schüler,

mit diesem Buch erhältst du eine optimale Hilfestellung zur Vorbereitung auf die ZP10 an Gymnasien mit G9.

- Im ersten Teil des Buches findest du viele Informationen zur **gezielten Vorbereitung auf die Zentrale Prüfung**. Dazu gehören u. a. eine Aufstellung der für die Prüfung 2024 relevanten inhaltlichen Schwerpunkte und Fokussierungen, Hinweise zum Ablauf der Prüfung sowie alles Wissenswerte zur Struktur und zu den Anforderungen der Prüfungsaufgaben.

- Du findest darüber hinaus zahlreiche **praktische Hinweise**, die dir sowohl bei der Vorbereitung auf die ZP10 als auch während der Prüfung dazu verhelfen, Prüfungsaufgaben gut zu lösen.

- Das Buch enthält **Übungsaufgaben** im Stil der Zentralen Prüfung sowie die vom Ministerium für Schule und Bildung des Landes Nordrhein-Westfalen gestellten **Original-Prüfungsaufgaben 2019 und 2021 bis 2023**.

- Zu sämtlichen Aufgaben wurden von unserem Autor **vollständige, kommentierte Lösungsvorschläge** sowie separate **Hinweise und Tipps zum Lösungsansatz** ausgearbeitet, die dir das selbstständige Lösen der Aufgaben erleichtern.

- Zudem erhältst du zusätzliches Übungsmaterial **online bei MyStark**:
  - **Interaktives Training** zum hilfsmittelfreien Prüfungsteil A
  - **Jahrgang 2023**, sobald dieser zum Download bereit steht

  Den Zugangscode zu MyStark findest du auf der Umschlaginnenseite.

Sollten nach Erscheinen dieses Bandes noch wichtige Änderungen in der Zentralen Prüfung 2024 vom Schulministerium bekannt gegeben werden, findest du aktuelle Informationen dazu ebenfalls bei MyStark.

Der Stark Verlag und ich wünschen dir viel Erfolg bei der Abiturvorbereitung und bei deiner Prüfung!

Udo Mühlenfeld

HINWEISE UND TIPPS

Hinweise und Tipps zur Zentralen Prüfung

1 Ablauf der Prüfung

1.1 Die Zentrale Prüfung

In Nordrhein-Westfalen wird an Gymnasien mit G9 der Mittlere Schulabschluss (MSA) am Ende der Klasse 10 erworben. Dafür legen die Schülerinnen und Schüler schriftliche Prüfungen in den Fächern Deutsch, Englisch und Mathematik ab. Grundlage für die zentral gestellten Aufgaben der schriftlichen Prüfung sind die Kompetenzerwartungen des Kernlehrplans in der aktuell gültigen Fassung.

1.2 Aufbau der Prüfungsaufgaben

Die zentrale Prüfung in Mathematik besteht aus zwei Prüfungsteilen:

- Prüfungsteil A besteht aus einzelnen, nicht aufeinander aufbauenden Teilaufgaben, mit denen grundlegende Kompetenzen aus den folgenden Inhaltsbereichen überprüft werden:
  - Arithmetik/Algebra
  - Funktionen
  - Geometrie
  - Stochastik

  Damit durch die Aufgaben auch Grundideen und Grundvorstellungen erfasst werden, können diese auch Teile enthalten, bei denen Argumentationen und Darstellungswechsel im Vordergrund stehen.

  Außer Zirkel und Geodreieck (sowie Papier und Stift) sind keine Hilfsmittel zugelassen.

I

- Im Prüfungsteil B werden drei komplexere Aufgaben gestellt, die innerhalb eines Kontextes mehrere Teilaufgaben beinhalten. Hier werden die oben genannten Inhaltsbereiche (Gegenstände) mit den folgenden Kompetenzbereichen (Prozessen) verknüpft:
  - Operieren
  - Modellieren
  - Problemlösen
  - Argumentieren
  - Kommunizieren

  Zur Bearbeitung der Aufgaben können auch Kompetenzen erforderlich sein, die die Schülerinnen und Schüler in früheren Jahrgangsstufen erworben haben. Zugelassene Hilfsmittel sind Zirkel, Geodreieck, Formelsammlung und Taschenrechner (mit oder ohne Grafikfähigkeit).

Bis 2022 waren im Prüfungsteil I (entspricht Prüfungsteil A) Hilfsmittel zugelassen. Dennoch eignen sich die meisten Aufgaben aus den Prüfungen bis 2022 zum Üben, um sich über die verwendeten Aufgabenformate sowie die Höhe und den Umfang der Anforderungen zu informieren.

In den Jahren 2021 und 2022 gab es coronabedingt im Prüfungsteil I (entspricht Prüfungsteil A) zwei Wahlmöglichkeiten. Hier konnten die Lehrerinnen und Lehrer wählen, welche Aufgaben ihre Schülerinnen und Schüler bearbeiten sollen.

1.3 Dauer der Prüfung

Für die Bearbeitung stehen den Schülerinnen und Schülern insgesamt 130 Minuten zur Verfügung. Dabei entfallen 30 Minuten auf Prüfungsteil A und 90 Minuten auf den Prüfungsteil B. Zusätzlich gibt es eine Bonuszeit von 10 Minuten auf den Prüfungsteil A **oder** den Prüfungsteil B.

2 Inhaltliche Schwerpunkte und Fokussierungen 2024

2.1 Prüfungsteil A (Mathematik ohne Hilfsmittel)

Für die anfangs genannten Inhaltsbereiche werden mögliche Schwerpunkte genannt:
- Arithmetik/Algebra
  - Umgang mit Größen und Maßeinheiten
  - grundlegende algebraische Operationen
  - Bruch-, Prozent-, Dezimal-, Wurzel- und Potenzschreibweise anwenden
  - Lösungsverfahren und Algorithmen nutzen
- Funktionen
  - erweiterte Grundvorstellungen, Darstellungswechsel (Text, Term, Tabelle, Graph)
  - Einfluss von Parametern
  - lineare, quadratische und exponentielle Funktionen

- Geometrie
  - Grundprinzip Messen
  - ebene Figuren (ohne Kreissektor und Kreisring)
  - geometrische Sätze
  - geometrische Grundkörper (ohne Kugel)
- Stochastik
  - Mittelwerte, Listen und Häufigkeiten
  - Darstellungen (z. B. Säulendiagramme) erfassen und erstellen
  - Laplace-Wahrscheinlichkeit
  - ein- und zweistufige Zufallsexperimente

2.2 Prüfungsteil B (Kontextbezogene Aufgaben)

Für die Aufgaben werden innermathematische oder realitätsnahe Kontexte gewählt. Basierend auf den für den Prüfungsteil A genannten Schwerpunkten sind die Aufgabenstellungen wesentlich komplexer und vernetzen inhalts- und prozessbezogene Kompetenzen noch stärker. Innerhalb der Aufgaben gibt es einen wachsenden Anspruch mit Blick auf die Anforderungen, inhaltliche Vorstellungen und den Grad der Vernetzung.

3 Leistungsanforderung und Bewertung

Für die Bewertung der Prüfungsleistung werden den Lehrerinnen und Lehrern Auswertungsanleitungen zur Verfügung gestellt. Diese beinhalten Auswertungskriterien, die zum einen kompetenzorientiert und zum anderen auf die einzelnen Aufgaben bezogen sind. Beispiellösungen sind immer als exemplarisch anzusehen. Lösungen der Schülerinnen und Schüler, die sachlich richtig sind und die Auswertungskriterien erfüllen, werden mit der maximal zu erreichenden Punktzahl bewertet. Dabei ist darauf zu achten, dass Kriterien, die nur in Teilen erfüllt werden, in einem angemessenen Umfang mit ganzzahligen Teilpunkten zu bewerten sind. Dabei ist bei der Beurteilung stets im Blick zu behalten, inwieweit die vorgegebenen Kriterien erfüllt worden sind.

Dies wird anhand einer Teilaufgabe aus dem Jahr 2019 verdeutlicht:

Steffis Bruder behauptet: „Die Wahrscheinlichkeit, zwei verschiedenfarbige Kaugummikugeln zu erhalten, ist kleiner als 50 %."

Hat er recht? Überprüfe mit einer Rechnung."

Das dazu für die Bewertung formulierte Kriterium lautet:

„Der Prüfling entnimmt die relevanten Informationen, wählt einen geeigneten Ansatz und berechnet die gesuchte Wahrscheinlichkeit."

Hier wird deutlich, dass zwar nur ein Arbeitsauftrag formuliert wird, das Kriterium aber aus drei Teilen besteht, die alle für die maximal erreichbare Punktzahl für die Teilaufgabe erfüllt sein müssen.

Der sachgerechte Umgang mit Maßeinheiten und die adäquate Darstellung der Lösungen stellen zwei eigenständige Kompetenzbereiche dar. Diese Kompetenzen werden aufgabenübergreifend über die gesamte Klausur bewertet. Dabei stellen die dafür vergebenen Punkte etwa 10 % der Gesamtpunktzahl dar.

Die im Prüfungsteil A maximal erreichbaren Punkte reichen nicht aus, um die Note „ausreichend" zu erhalten. Dafür müssen die Schülerinnen und Schüler auch Teile des Prüfungsteils B erfolgreich bearbeiten.

Die Prüfungsnote geht zusammen mit der Vornote, also der Jahresnote, und ggf. der Note einer mündlichen Prüfung in die Bildung der Zeugnisnote am Ende der Klasse 10 ein.

4 Operatoren und Anwendungsbereiche

Die in den Teilaufgaben enthaltenen Handlungsanweisungen und Arbeitsaufträge werden mithilfe sogenannter Operatoren formuliert, deren Bedeutungen im Abitur im Operatorenkatalog definiert sind.
Im Folgenden werden diejenigen Operatoren, die in den Aufgaben aus den vergangenen Jahren häufig verwendet wurden, kurz erläutert:

Operatoren	Definitionen	Beispiele
angeben, nennen	Begriffe, Daten, Objekte oder Sachverhalte aufzählen, ohne diese zu erläutern und ohne Lösungswege darzustellen	2021 – Prüfungsteil I (Wahlmöglichkeit 1) – Aufgabe 4 b
begründen	Sachverhalte auf Gesetzmäßigkeiten zurückführen und dabei Regeln und mathematische Beziehungen nutzen	2022 – Prüfungsteil II – Aufgabe 1 c
berechnen	Von einem Ansatz ausgehend Ergebnisse durch Rechenoperationen gewinnen	2022 – Prüfungsteil II – Aufgabe 1 a
beschreiben	Die Fachsprache angemessen nutzen, um mit eigenen Worten Sachverhalte oder Verfahren angemessen wiederzugeben	2022 – Prüfungsteil I (Wahlmöglichkeit 1) – Aufgabe 5
bestimmen, ermitteln	Lösungswege aufzeigen (rechnerisch oder zeichnerisch ist als Einschränkung denkbar) und unter Angabe von Zwischenschritten Ergebnisse formulieren	2022 – Prüfungsteil II – Aufgabe 3 h
entscheiden	Sich auf eine Alternative eindeutig und begründet festlegen	2022 – Prüfungsteil I (Wahlmöglichkeit 1) – Aufgabe 6 a
erklären	Eigene Kenntnisse nutzen, um Sachverhalte verständlich und nachvollziehbar zu machen	2022 – Prüfungsteil II – Aufgabe 3 g

Operatoren	Definitionen	Beispiele
erläutern	Einen Sachverhalt durch ergänzende Informationen (z. B. unter Nutzung von Beispielen oder Grafiken) veranschaulichen	2019 – Prüfungsteil II – Aufgabe 2 d
grafisch darstellen, zeichnen	Unter Verwendung eines Maßstabs eine exakte grafische Darstellung anfertigen	2022 – Prüfungsteil II – Aufgabe 3 d
prüfen, überprüfen	Fragestellungen, Probleme und Sachverhalte nach sinnvollen und fachlich üblichen Kriterien bearbeiten	2021 – Prüfungsteil II – Aufgabe 2 b
skizzieren	Die wesentlichen Eigenschaften eines Objektes oder eines Sachverhalts grafisch darstellen, auch als Freihandskizze	2021 – Prüfungsteil II – Aufgabe 2 a
zeigen, nachweisen, bestätigen	Gültige Schlussregeln, Berechnungen oder Herleitungen verwenden, um Aussagen zu bestätigen	2022 – Prüfungsteil II – Aufgabe 1 b

5 Methodische Hinweise und allgemeine Tipps zur schriftlichen Prüfung

5.1 Vorbereitung auf die Prüfung

- Bereite dich möglichst langfristig im laufenden 10. Schuljahr auf die Zentrale Prüfung vor und fertige dir eine Übersicht über die von dir bereits bearbeiteten Themen, Inhalte und Verfahren an. Teile die Inhalte in sinnvolle Teilbereiche ein und lege fest, bis wann du welche Teilbereiche bearbeitet haben willst.
- Benutze zur Prüfungsvorbereitung neben diesem Übungsbuch deine Unterrichtsaufzeichnungen und das Lehrbuch.
- Verwende während der Prüfungsvorbereitung grundsätzlich die Hilfsmittel, die auch in der Prüfung für die beiden Prüfungsteile jeweils zugelassen sind. Damit du im Umgang mit den in der schriftlichen Prüfung erlaubten Hilfsmitteln vertraut bist, ist es erforderlich, dass du durchgängig mit den genannten Hilfsmitteln im vorangegangenen Unterricht arbeitest.
Im Fokus des Prüfungsteils A steht der Erwerb von Basiskompetenzen. Deswegen ist es zwingend erforderlich, zur Vorbereitung auf den Prüfungsteil A passende Aufgaben ohne Formelsammlung und Taschenrechner, ggf. mit Zirkel und Geodreieck, zu lösen.
Nutze für den Prüfungsteil B deinen Taschenrechner mit allen Funktionen.

- Präge dir wichtige Seiten in deiner Formelsammlung ein oder verwende die vom Schulministerium für die ZP 10 zur Verfügung gestellte Formelsammlung, die einen kompakten, gut strukturierten Überblick auch über die inhaltlichen Anforderungen für die ZP 10 bietet:
  https://www.standardsicherung.schulministerium.nrw.de/cms/zentrale-pruefungen-10/faecher/getfile.php?file=2402
- Oft ist der Zeitfaktor ein großes Problem. Teste, ob du eine Aufgabe in der dafür vorgegebenen Zeit allein lösen kannst. Simuliere dazu selbst eine Prüfungssituation, indem du die Original-Prüfungsaufgaben der vergangenen Jahre aus diesem Buch im vorgegebenen Zeitrahmen bearbeitest.
- Die in diesem Buch enthaltenen zusätzlichen Übungsaufgaben bieten zum einen die Möglichkeit, sich vertiefend mit den jeweiligen Prüfungsteilen auseinanderzusetzen, zum anderen kannst du aber auch zu den jeweiligen Inhaltsbereichen einzelne Teilaufgaben herausgreifen, um themenbezogene Defizite aufzuarbeiten.

5.2 Bearbeitung der Prüfung

- Es ist hilfreich, bei der Analyse der Aufgabenstellungen wichtige Angaben oder Informationen (z. B. gegebene Größen, Lösungshinweise) farbig zu markieren.
- Um den Lösungsansatz zu einer Aufgabe zu finden oder die gegebene Problemstellung zu veranschaulichen, kann das Anfertigen einer Skizze nützlich sein.
- Falls du mit einer Aufgabe gar nicht weiterkommst, so halte dich nicht zu lange daran auf. Versuche, mit der nächsten Teilaufgabe oder Aufgabe weiterzumachen. Wenn du die anderen Aufgaben bearbeitet hast, komme nochmals auf die angefangene Aufgabe zurück und versuche in Ruhe, eine Lösung zu finden.
- Achte auf die sprachliche Richtigkeit und eine saubere äußere Form deiner Lösungen sowie den sachgerechten Umgang mit Maßeinheiten. Dabei hilft es, während der Rechnung die Einheiten konsequent mit aufzuschreiben und ggf. umzurechnen.

ÜBUNGSAUFGABEN

Aufgabe 1

Die Abbildung zeigt den Graphen F einer quadratischen Funktion f sowie die Graphen G und H, die dadurch entstehen, dass der Graph F an der y- bzw. x-Achse gespiegelt wird.

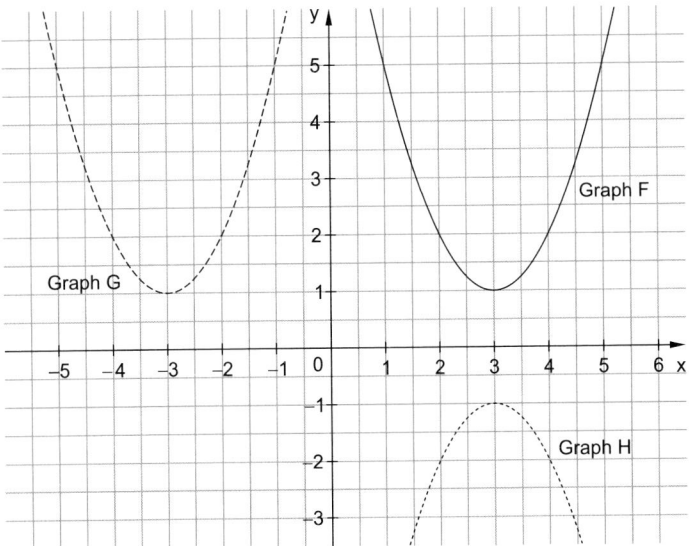

a) Kreuze die zur Funktion f gehörigen Gleichungen an (mehrere Lösungen möglich):

☐ $f(x) = x^2 - 6x + 10$

☐ $f(x) = (x + 1)^2 + 3$

☐ $f(x) = (x - 3)^2 + 1$

☐ $f(x) = 2(x - 3)^2 + 1$

b) Gib die zu den Funktionen g bzw. h gehörigen Gleichungen an.

c) Begründe, warum der Punkt P(0|10) sowohl auf dem Graphen F als auch auf dem Graphen G liegt.

Aufgabe 2

a) Gib die Lösungen der folgenden quadratischen Gleichungen an:

(1) $(x-3)(x+5) = 0$

(2) $(x-4)^2 = 0$

(3) $x^2 + 6 = 0$

(4) $x^2 + 8x + 16 = 0$

b) Gib zu den folgenden Lösungen jeweils eine passende quadratische Gleichung an:

(1) $x = 7 \vee x = -3$

(2) $x = \sqrt{8} \vee x = -\sqrt{8}$

(3) $x = 5$

Aufgabe 3

Frauke baut aus Würfeln, deren Volumen 1 cm^3 beträgt, stufenförmige Bauwerke.

Bauwerk 1 Bauwerk 2   Bauwerk 3

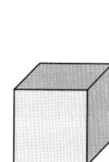 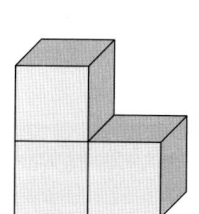 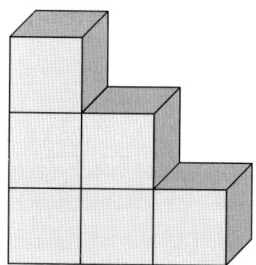

Ergänze die folgende Tabelle:

Bauwerk Nr. n	1	2	3	4
Volumen in cm^3				
Gesamte Oberfläche in cm^2				
Anzahl der benötigten Würfel für die ersten n Bauwerke				

Aufgabe 4

Ein Beutel enthält insgesamt 40 Kugeln, von denen 28 blau und die übrigen rot sind. Ole zieht ohne hinzusehen eine Kugel, notiert die Farbe der ersten Kugel und legt die Kugel an die Seite. Dann zieht er noch eine Kugel, notiert die Farbe der zweiten Kugel und legt diese wieder an die Seite. Dazu zeichnet er das folgende Baumdiagramm:

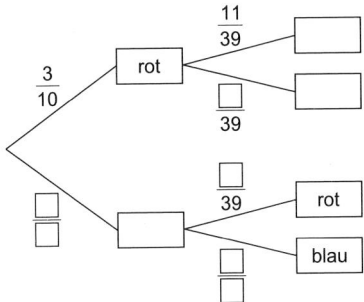

a) Beschrifte das Baumdiagramm vollständig.

b) Beschreibe, zu welchen Ereignissen die folgenden Wahrscheinlichkeiten gehören:

(1) $\dfrac{3}{10} \cdot \dfrac{11}{39}$

(2) $\dfrac{3}{10} \cdot \dfrac{28}{39} + \dfrac{7}{10} \cdot \dfrac{12}{39}$

c) Gib einen Term an, mit dem du die Wahrscheinlichkeit folgender Ereignisse berechnen kannst.

(1) Mindestens eine Kugel ist blau.

(2) Beide Kugeln haben die gleiche Farbe.

Hinweis: Ein Endergebnis wird hier nicht erwartet.

Teilaufgabe 1 a

Überprüfe, ob es sich bei dem Graphen F um eine verschobene Normalparabel handelt.

Stelle dann die Funktionsgleichung auf und überprüfe, zu welchen gegebenen Gleichungen diese äquivalent ist.

Umgekehrt kannst du überlegen, wie die Graphen der vier gegebenen Funktionen aussehen, und diese mit dem Graphen F vergleichen.

Teilaufgabe 1 b

Überlege, durch welche geometrischen Abbildungen die Graphen G und H aus dem Graphen F hervorgehen.

Untersuche die Auswirkungen dieser Abbildungen auf die Punkte des Graphen, insbesondere auf den Scheitelpunkt.

Teilaufgabe 1 c

Dieser Nachweis kann rechnerisch erfolgen.

Ein Teil der Rechnung kann durch Symmetrieüberlegungen oder Eigenschaften der Normalparabel ersetzt werden.

Teilaufgabe 2 a

Vorteilhaft ist stets die Produktdarstellung: Ein Produkt ist gleich null, wenn einer der beiden Faktoren gleich null ist.

Du kannst dazu auch die binomischen Formeln verwenden.

Teilaufgabe 2 b

Nutze wieder die Produktdarstellung für die quadratischen Gleichungen.

Es gibt keine eindeutige Lösung, da du stets die Gleichung mit einer reellen Zahl ungleich Null multiplizieren kannst. Beschränke dich auf die einfachste Lösung.

Aufgabe 3

Überlege zunächst, wie du vorgehst, um das nächste Bauwerk zu bauen.

„Gesamte Oberfläche" bedeutet, dass nicht nur die in der Abbildung sichtbare Oberfläche betrachtet werden soll.

Achte genau auf den Text. Es ist nach der Summe der Würfel gefragt.

Teilaufgabe 4 a

Dem Text kannst du die Farben und die jeweilige Anzahl der Kugeln zu Beginn entnehmen.

Prüfe, ob es sich um ein Ziehen mit oder ohne Zurücklegen handelt.

Teilaufgabe 4 b

Markiere die zugehörigen Wege im Baumdiagramm aus Teilaufgabe 4a.

Beachte die beiden Pfadregeln.

Beschreibe nicht den Ziehungsvorgang, sondern das jeweilige Ergebnis.

Teilaufgabe 4 c

Markiere die zugehörigen Wege im Baumdiagramm aus Teilaufgabe 4a.

Beachte die beiden Pfadregeln.

Manchmal ist es einfacher, das Gegenereignis zu betrachten.

Lösungsvorschlag zum Prüfungsteil I

Aufgabe 1

a) ☒ $f(x) = x^2 - 6x + 10$

 ☐ $f(x) = (x+1)^2 + 3$

 ☒ $f(x) = (x-3)^2 + 1$

 ☐ $f(x) = 2(x-3)^2 + 1$

TIPP Wird der x-Wert vom Scheitelpunkt aus gesehen um 1 erhöht oder erniedrigt, nimmt der y-Wert um 1 zu. Die Parabel hat also die Form einer Normalparabel. Sie wird um drei Einheiten nach rechts und eine Einheit nach oben verschoben. Somit gilt:

$f(x) = (x-3)^2 + 1 = x^2 - 6x + 10$

Umgekehrte Überlegung:
Für die erste Funktion gilt:
$f(2) = 2; f(3) = 1; f(4) = 2$

Für die zweite Funktion gilt:
Der Scheitelpunkt hat die Koordinaten $(-1 \mid 3)$.

Für die dritte Funktion gilt:
Der Scheitelpunkt hat die Koordinaten $(3 \mid 1)$.

Für die vierte Funktion gilt:
Wegen des Faktors 2 ist die Parabel enger als eine Normalparabel.

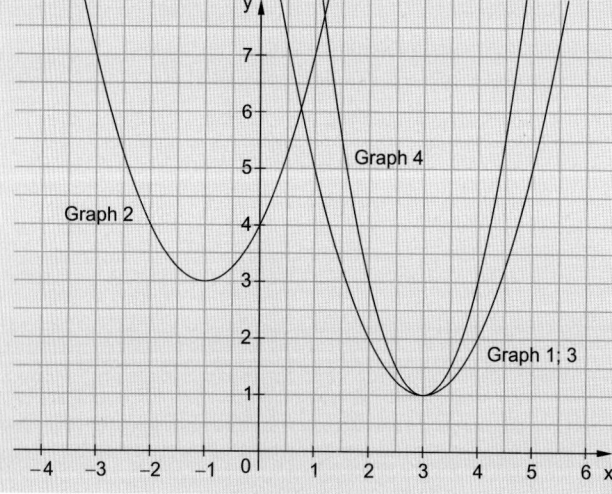

6

b) $g(x) = (x+3)^2 + 1$

$\quad h(x) = -(x-3)^2 - 1$

TIPP G entsteht aus F durch Spiegelung an der y-Achse. Beim Scheitelpunkt ändert sich nur das Vorzeichen des x-Wertes.

H entsteht aus F durch Spiegelung an der x-Achse. Bei allen Punkten ändert sich das Vorzeichen des y-Wertes, es gilt also $h(x) = -f(x)$.

c) $f(x) = (x-3)^2 + 1 \;\Rightarrow\; f(0) = 10$

$\quad g(x) = (x+3)^2 + 1 \;\Rightarrow\; g(0) = 10$

Alternative Lösung:

Es gilt $f(0) = 10$. G entsteht aus F durch Spiegelung an der y-Achse. Der Punkt $(0\,|\,10)$ liegt auf der Symmetrieachse und gehört somit auch zu G.

Alternative Lösung:

G und F sind verschobene Normalparabeln. Wird der x-Wert des Scheitelpunktes von F um 3 erniedrigt bzw. der x-Wert des Scheitelpunktes von G um 3 erhöht, steigt der y-Wert jeweils um $3^2 = 9$ von 1 auf 10.

Aufgabe 2

a) Es ergeben sich folgende Lösungen:

(1) $(x-3)(x+5) = 0 \;\Rightarrow\; x = 3 \lor x = -5$

(2) $(x-4)^2 = 0 \qquad\;\Rightarrow\; x = 4$

(3) $x^2 + 6 = 0 \qquad\;\Leftrightarrow\; x^2 = -6$ hat keine Lösung

(4) $x^2 + 8x + 16 = 0 \;\Leftrightarrow\; (x+4)^2 = 0 \;\Rightarrow\; x = -4$

TIPP Die Angaben der Lösungen genügen.

b) Folgende Gleichungen sind möglich:

(1) $(x-7)(x+3) = 0$

(2) $(x-\sqrt{8})(x+\sqrt{8}) = 0$

(3) $(x-5)^2 = 0$

Aufgabe 3

Bauwerk Nr. n	1	2	3	4
Volumen in cm³	1	3	6	10
Gesamte Oberfläche in cm²	6	14	24	36
Anzahl der benötigten Würfel für die ersten n Bauwerke	1	4	10	20

TIPP Bei jedem neuen Bauwerk wird ein Turm auf die linke Seite gestellt, der um einen Würfel höher ist als der vorhandene höchste Turm. Somit kommen bei Bauwerk Nr. 2 zwei Würfel hinzu, bei Bauwerk Nr. 3 drei und bei Bauwerk Nr. 4 vier weitere Würfel. Da es Kubikzentimeterwürfel sind, entspricht die Anzahl der Würfel dem Volumen in cm³. Somit gilt:

Bauwerk Nr. n	1	2	3	4
Volumen in cm³	1	$1+2=3$	$3+3=6$	$6+4=10$

Damit ergibt sich die Anzahl der benötigten Würfel für die ersten n Bauwerke:

Bauwerk Nr. n	1	2	3	4
Anzahl der benötigten Würfel für die ersten n Bauwerke	1	$1+3=4$	$4+6=10$	$10+10=20$

Blickt man von oben, unten, rechts und links auf das Bauwerk, entspricht die Anzahl der sichtbaren Würfelflächen der Bauwerksnummer. Blickt man von vorne oder hinten auf die Bauwerke, entspricht die Anzahl der sichtbaren Würfelflächen der Anzahl der Würfel. Damit ergibt sich:

Bauwerk Nr. n	Gesamte Oberfläche in cm²
1	$4 \cdot 1 + 2 \cdot 1 = 6$
2	$4 \cdot 2 + 2 \cdot 3 = 14$
3	$4 \cdot 3 + 2 \cdot 6 = 24$
4	$4 \cdot 4 + 2 \cdot 10 = 36$

Aufgabe 4

a)

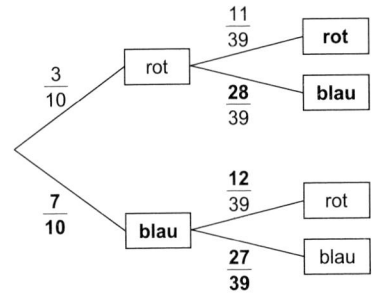

b) (1) Es werden zwei rote Kugeln gezogen.
(2) Es werden zwei unterschiedlich farbige Kugeln gezogen.

c) (1) $\dfrac{3}{10} \cdot \dfrac{28}{39} + \dfrac{7}{10} \cdot \dfrac{12}{39} + \dfrac{7}{10} \cdot \dfrac{27}{39}$

Alternative Lösung:
Das Gegenereignis lautet „Keine Kugel ist blau" bzw. „Beide Kugeln sind rot". Für die Wahrscheinlichkeit gilt dann:

$1 - \dfrac{3}{10} \cdot \dfrac{11}{39}$

(2) $\dfrac{3}{10} \cdot \dfrac{11}{39} + \dfrac{7}{10} \cdot \dfrac{27}{39}$

9

Aufgabe 1: Faustformeln aus der Fahrschule

In der Fahrschule werden im Unterricht u. a. folgende „Faustformeln" vermittelt:

Für den Reaktionsweg s_R:

„Geschwindigkeit (in $\frac{km}{h}$) durch 10 mal 3 ergibt den Reaktionsweg in Metern."

Für den Bremsweg s_B:

„Geschwindigkeit (in $\frac{km}{h}$) durch 10 mal Geschwindigkeit (in $\frac{km}{h}$) durch 10 ergibt den Bremsweg in Metern."

a) (1) Begründe, warum die Funktionsterme $s_R = 0{,}3x$ und $s_B = 0{,}01x^2$
(x: Geschwindigkeit in $\frac{km}{h}$) die o. g. Faustformeln richtig wiedergeben.

(2) Gib einen Funktionsterm für den Anhalteweg s_A an.

b)

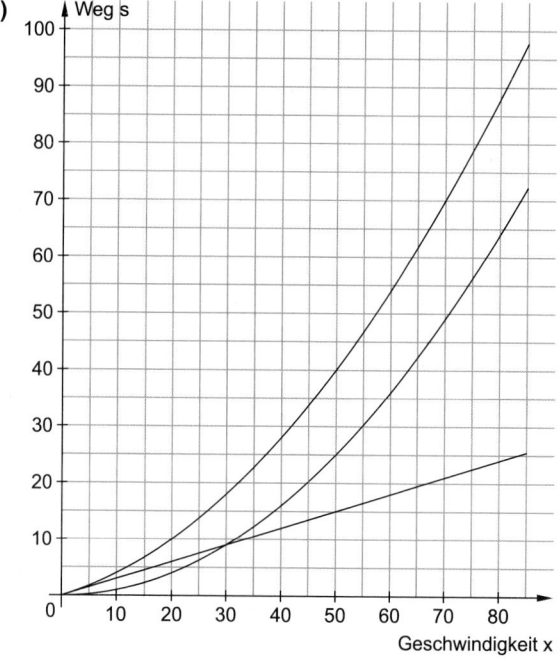

(1) Beschrifte die drei Graphen mit s_A, s_B und s_R.

(2) Ermittle mithilfe der Graphen die Länge des Reaktionsweges, des Bremsweges und des Anhalteweges für Tempo 50.

(3) Erläutere die Bedeutung des Schnittpunktes bei $x = 30$.

c) (1) Berechne die Länge des Reaktionsweges, des Bremsweges und des Anhalteweges für Tempo 100.

(2) Berechne, bei welcher Geschwindigkeit der Anhalteweg 100 m beträgt.

d) Beurteile die folgende Aussage:
Wenn die Geschwindigkeit nur halb so groß ist, sind auch der Reaktionsweg und der Bremsweg halb so lang.

e) Auf einer Landstraße erblickt eine Fahrerin bei vorgeschriebenem Tempo 70 einen quer stehenden Lkw und kommt gerade noch rechtzeitig vor dem Hindernis zum Stillstand.
Ermittle mithilfe der Abbildung, mit welcher Geschwindigkeit sie auf den Lkw prallen würde, wenn sie mit Tempo 80 die erlaubte Geschwindigkeit überschritten hätte.

Aufgabe 2: Dachrinnen

Ein Unternehmen stellt verschiedene Dachrinnen her, deren Querschnitt vereinfacht in der Abbildung 1 dargestellt ist:

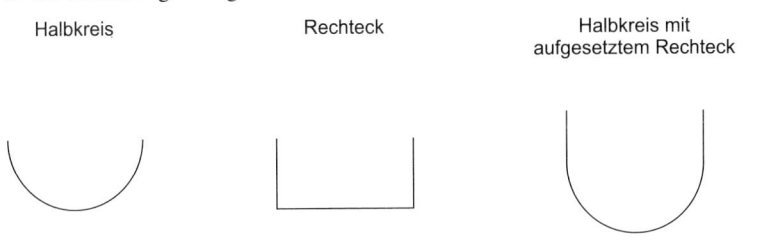

Halbkreis   Rechteck   Halbkreis mit
                                     aufgesetztem Rechteck

Abbildung 1

Das Unternehmen fertigt alle 4 m langen Dachrinnen aus rechteckigen Metallplatten, die 4 m lang und 20 cm breit sind.

a) Zeige rechnerisch, dass die halbkreisförmige Rinne einen Radius von $r \approx 6{,}4$ cm und ein Volumen von $V \approx 25{,}7\ \ell$ hat.

b) Bei der vorgegebenen Breite der Metallplatten gibt es für den rechteckigen Querschnitt mehrere Möglichkeiten. Im Folgenden geht es darum, eine Dachrinne mit möglichst großem Volumen zu fertigen.

(1) Weise nach, dass sich allgemein die Querschnittsfläche A einer rechteckigen Rinne mit der Höhe x durch den Term $A(x) = 20x - 2x^2$ beschreiben lässt.

(2) Ermittle rechnerisch die Koordinaten des Scheitelpunkts und interpretiere das Ergebnis.

(3) Berechne das zugehörige Volumen der 4 m langen Dachrinne.

c) Bei der vorgegebenen Breite der Metallplatten gibt es auch für den Halbkreis mit dem Radius x und dem aufgesetzten Rechteck mit der Höhe h mehrere Möglichkeiten. Im Folgenden geht es darum, eine Dachrinne mit möglichst großem Volumen zu fertigen.

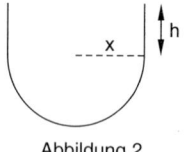

Abbildung 2

(1) Zeige mithilfe der Abbildung 2, dass für die Höhe h bzw. die Querschnittsfläche A folgende Beziehungen gelten:

$$h(x) = 10 - \frac{\pi}{2} \cdot x \text{ und } A = 2x \cdot h + \frac{\pi}{2} \cdot x^2$$

(2) Zeige mithilfe geeigneter Termumformungen, dass sich die Querschnittsfläche A in Abhängigkeit vom Radius x durch den Term $A(x) = 20x - \frac{\pi}{2} \cdot x^2$ beschreiben lässt.

(3) Der Scheitelpunkt der zugehörigen Parabel hat ungefähr die Koordinaten $(6,4 \mid 63,7)$.
Berechne damit die Höhe h und das zugehörige Volumen der 4 m langen Dachrinne.

d) Vergleiche die drei Ergebnisse miteinander und erläutere, welche der drei Dachrinnen unter dem Aspekt der maximalen Füllmenge zu bevorzugen ist.

Aufgabe 3: Glücksrad

Yvonne und Kevin entdecken im Urlaub im Wald drei Räder mit Informationstafeln. Links sind acht verschiedene Bäume abgebildet, in der Mitte die zugehörigen Blätter und rechts die jeweiligen Früchte. Die einzelnen Tafeln sind quadratisch mit einer Seitenlänge von 20 cm. Die Aufgabe besteht darin, die Räder so zu drehen, dass das zu einem Baum passende Blatt zusammen mit den Früchten in einer Reihe steht. Als kleine Hilfe sind die zueinander passenden Flächen der drei Räder einheitlich eingefärbt.

Yvonne und Kevin planen, für das Schulfest im Sommer diese Anlage als Glücksrad nachzubauen. Es kann angenommen werden, dass beim Drehen jedes Glücksrads jede Seite mit der gleichen Wahrscheinlichkeit erscheint.

a) Sie fertigen für die Seitenwände eine Skizze an. Die Seitenwände möchten sie aus möglichst kleinen quadratischen Holzplatten ausschneiden.
Berechne die Länge der quadratischen Holzplatte für die Seitenwand eines Glücksrades.

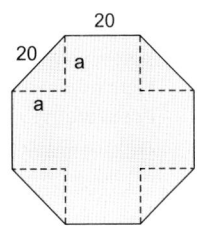

b) Ermittle rechnerisch die Oberfläche eines Glücksrades.

c) Bestimme die Anzahl und Größe der quadratischen Holzplatten zum Bau aller Glücksräder.

d) Berechne, wie viele verschiedene Bildkombinationen Baum – Blatt – Frucht es insgesamt gibt.
Begründe deine Überlegungen.

e) Kevin schlägt vor, bei 3 Richtigen (Baum – Blatt – Frucht) einen Hauptpreis zu vergeben und bei 2 Richtigen (Baum – Blatt, Baum – Frucht oder Blatt – Frucht) einen Trostpreis.
Berechne die Wahrscheinlichkeiten für einen Trostpreis und einen Hauptpreis.

f) Yvonne rechnet damit, dass im Laufe des Tages etwa 1 200 Leute ihr Glück versuchen werden, und schlägt vor, für das Drehen der drei Glücksräder 50 Cent zu kassieren und bei einem Hauptpreis 10 Euro und bei einem Trostpreis 1 Euro auszuzahlen.
Beurteile, ob die beiden damit beim Schulfest einen Gewinn erzielen.

Teilaufgabe 1 a

Übersetze die Angaben „durch 10 mal 3" bzw. „durch 10 mal durch 10" in einen Bruch bzw. eine Dezimalzahl.

Der Anhalteweg beschreibt die zurückgelegte Strecke vom Erkennen des Hindernisses bis zum Stillstand des Fahrzeugs.

Teilaufgabe 1 b

Der Reaktionsweg nimmt proportional mit der Geschwindigkeit zu.

Im Bremsweg kommt x quadratisch vor.

Der Anhalteweg ist größer als der Bremsweg.

Beachte beim Ablesen der Werte für die Wege die Skalierung auf der Hochachse.

Der Schnittpunkt ist der gemeinsame Punkt der Graphen von s_B und s_R.

Teilaufgabe 1 c

Die Formeln für den Bremsweg s_B und den Reaktionsweg s_R sind in der Teilaufgabe 1 a angegeben.

Die beiden Ergebnisse kannst du für den Anhalteweg s_A nutzen, du musst nicht noch einmal die Formel für s_A benutzen.

Im zweiten Teil ist nach der Geschwindigkeit gefragt, also musst du die passende Gleichung nach x auflösen.

Verwende zur Lösung die pq-Formel oder auch den Taschenrechner.

Du musst die Gleichung dazu erst auf die Normalform bringen.

Teilaufgabe 1 d

Du kannst dir die Zusammenhänge erst einmal mit Zahlenbeispielen klar machen. Verwende dazu das Schaubild aus Teilaufgabe 1 b.

Erwartet wird dann aber eine allgemeine Begründung. Denke dabei an die Eigenschaften linearer und quadratischer Funktionen.

Teilaufgabe 1 e

Ermittle zunächst den Anhalteweg bei Tempo 70.

Diese Strecke musst du bei Tempo 80 in den Reaktionsweg und den Bremsweg aufteilen.

Vergleiche dann den notwendigen Bremsweg mit dem zur Verfügung stehenden Bremsweg, um die Aufprallgeschwindigkeit zu ermitteln.

Arbeite konsequent mit dem Diagramm, die Anwendung von Formeln wird hier nicht erwartet.

Teilaufgabe 2 a

Die Formeln für den Umfang, die Fläche und das Volumen kannst du der Formelsammlung entnehmen.

Achte darauf, das Volumen in Litern anzugeben. Überlege dazu, wie viele Kubikzentimeter einen Liter ergeben.

Teilaufgabe 2 b

Skizziere mögliche Querschnitte und beschrifte diese mit der Breite b und der Höhe x.

Stelle einen Term für den Umfang U und die Querschnittsfläche A auf. Beachte dabei, dass der Umfang 20 cm beträgt.

Der im Text angegebene Term für A enthält nur die Größe x, also musst du b mithilfe von x ausdrücken.

Die Koordinaten des Scheitelpunkts kannst du mithilfe der Nullstellen oder über die Scheitelpunktsform bestimmen.

Interpretiere die Koordinaten mit Blick auf die Dachrinne.

Verwende die Volumenformel für einen beliebigen Querschnitt und achte dann auf die richtige Umrechnung der Einheiten.

Teilaufgabe 2 c

Die gegebene Skizze hilft dabei, einen Term für den Umfang U und die Querschnittsfläche A aufzustellen. Beachte dabei, dass der Umfang weiterhin 20 cm beträgt.

Der im Text angegebene Term für A enthält nur die Größe x, also musst du h mithilfe von x ausdrücken.

Wenn du den Teil (1) nicht gelöst hast, kannst du hier weitermachen, die Terme für h und A sind im Text gegeben.

Interpretiere die Koordinaten des Scheitelpunktes mit Blick auf den Radius x und die Querschnittsfläche A.

h kannst du dann mit der angegebenen Formel berechnen.

Verwende die Volumenformel und achte auf die richtige Umrechnung der Einheiten.

Teilaufgabe 2 d

Vergleiche das Volumen der drei Dachrinnen.

Beschreibe anhand der gegebenen Skizze, welche Bedeutung der errechnete Wert für h für die Form der dritten Dachrinne hat.

Teilaufgabe 3a

Die Skizze und der Satz des Pythagoras helfen, die Länge von a zu berechnen.

Die Länge der quadratischen Holzplatte setzt sich aus drei Teilstrecken zusammen.

Teilaufgabe 3b

Anhand des Fotos kannst du dich informieren, aus welchen geometrischen Figuren die gesamte Oberfläche besteht.

Die Seitenfläche musst du geschickt in bekannte geometrische Grundformen zerlegen oder zu einer Grundform ergänzen.

Es ist einfacher, wenn du allgemein mit der Strecke a aus der Skizze rechnest und erst am Ende deiner Rechnung den Zahlenwert für a einsetzt.

Teilaufgabe 3c

Die drei Glücksräder sind identisch.

Teilaufgabe 3d

Dem Text und dem Foto kannst du entnehmen, wie viele Möglichkeiten jedes der drei Glücksräder bietet.

Beachte, dass die Glücksräder unabhängig voneinander gedreht werden.

Es kann hilfreich sein, den Anfang eines Baumdiagramms zu skizzieren.

Teilaufgabe 3e

In Teilaufgabe 3d hast du die Anzahl aller Möglichkeiten berechnet. Nun musst du jeweils die für einen Hauptpreis bzw. Trostpreis günstigen Möglichkeiten berechnen.

Bei einem Hauptpreis müssen die Bilder auf allen drei Glücksrädern zueinander passen.

Bei einem Trostpreis müssen die Bilder nur auf zwei von drei Glücksrädern passen, das jeweils dritte muss ein falsches Bild anzeigen.

Die Wahrscheinlichkeiten musst du nicht in Prozent angeben, Prozentangaben erleichtern aber die Vorstellung der Größenordnung.

Teilaufgabe 3f

Bei großen Zahlen lassen sich Wahrscheinlichkeiten als relative Häufigkeiten interpretieren.

Somit kannst du ermitteln, wie viele Haupt- und Trostpreise in etwa zu erwarten sind.

Berechne die Einnahmen und die voraussichtlichen Ausgaben für die Gewinne.

Beurteile die Höhe des Gewinns.

Aufgabe 1

a) (1) Für den Reaktionsweg s_R gilt:

$$s_R = (x : 10) \cdot 3 = \frac{x}{10} \cdot 3 = \frac{3}{10} x = 0,3x$$

Für den Bremsweg s_B gilt:

$$s_B = (x : 10) \cdot (x : 10) = \frac{x}{10} \cdot \frac{x}{10} = \frac{x^2}{100} = \frac{1}{100} x^2 = 0,01x^2$$

(2) Der Reaktionsweg s_R und der Bremsweg s_B ergeben zusammen den Anhalteweg s_A:

$$s_A = 0,3x + 0,01x^2$$

b) (1)

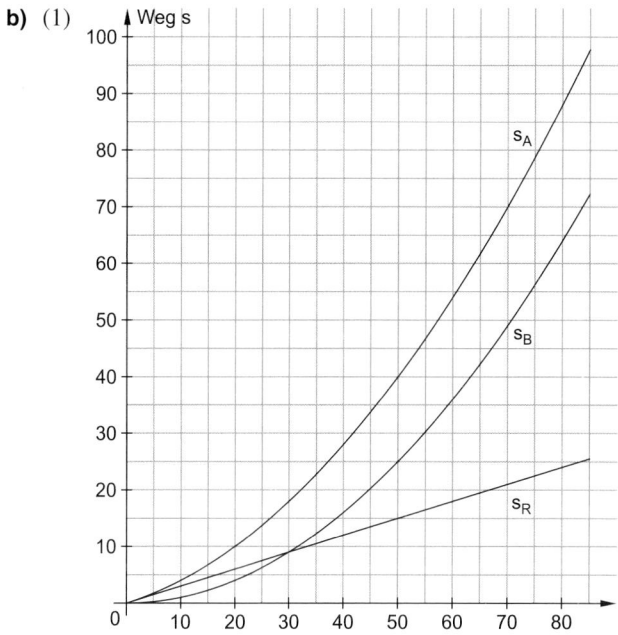

(2) Bei Tempo 50, also $x = 50$:
$s_R \approx 15$ m, $s_B \approx 25$ m, $s_A \approx 40$ m

(3) Bei Tempo 30 ist der Reaktionsweg genauso lang wie der Bremsweg, nämlich 8 m.

c) (1) $s_R = 0,3 \cdot 100 = 30$

$s_B = 0,01 \cdot 100^2 = 100$

$s_A = 30 + 100 = 130$

Der Reaktionsweg ist 30 m lang, der Bremsweg 100 m und der Anhalteweg 130 m.

(2) Für den Anhalteweg gilt:

$s_A = 0,3x + 0,01x^2$

Somit ist die folgende Gleichung zu lösen:

$0,3x + 0,01x^2 = 100$

Die Gleichung wird zunächst umgeformt:

$0,01x^2 + 0,3x = 100 \quad | -100$

$0,01x^2 + 0,3x - 100 = 0 \quad | : 0,01$

$x^2 + 30x - 10\,000 = 0$

Lösung mithilfe der pq-Formel:

$$x_{1/2} = -\frac{p}{2} \pm \sqrt{\left(\frac{p}{2}\right)^2 - q}$$

Einsetzen von $p = 30$ und $q = -10\,000$ ergibt:

$x_{1/2} = -15 \pm \sqrt{15^2 - (-10\,000)} = -15 \pm \sqrt{225 + 10\,000} = -15 \pm \sqrt{10\,225}$

$x_1 = -15 + \sqrt{10\,225} \approx 86$

$x_2 = -15 - \sqrt{10\,225} \approx -116$

Es kommt nur die positive Lösung infrage. Bei einer Geschwindigkeit von etwa $86\,\frac{km}{h}$ beträgt der Anhalteweg 100 m.

d) Der Reaktionsweg ist proportional zur Geschwindigkeit. Also ist auch der Reaktionsweg nur halb so lang, wenn die Geschwindigkeit halb so groß ist. Der Bremsweg dagegen wächst quadratisch mit der Geschwindigkeit. Wenn also die Geschwindigkeit halb so groß ist, beträgt der Bremsweg nur ein Viertel des ursprünglichen Bremsweges.

e) Aus dem Diagramm liest man ab, dass der Anhalteweg bei Tempo 70 etwa 70 m beträgt.

Ebenso liest man ab, dass bei Tempo 80 der Reaktionsweg 24 m beträgt.

$70\,m - 24\,m = 46\,m$

Es steht also noch ein Bremsweg von 46 m zur Verfügung.

Dem Diagramm entnimmt man, dass bei Tempo 80 der Bremsweg bis zum Stillstand 64 m beträgt.

$64\,m - 46\,m = 18\,m$

Es fehlen also 18 m, um zum Stillstand zu kommen.

Aus dem Diagramm ergibt sich, dass bei einem Bremsweg von 18 m die Geschwindigkeit etwa 42 $\frac{km}{h}$ beträgt. Somit gelingt es der Fahrerin bei Tempo 80 nur, das Fahrzeug auf Tempo 42 abzubremsen. Mit dieser Geschwindigkeit prallt sie auf den quer stehenden Lkw.

Aufgabe 2

a) Die kurze Seite der Metallplatte mit der Länge 20 cm bildet den Umfang des Halbkreises. Für den Umfang eines Halbkreises gilt:

$$U = \pi \cdot r \quad \Rightarrow \quad r = \frac{U}{\pi}$$

Es gilt:

$$r = \frac{20\,cm}{\pi} \approx 6,4\,cm$$

Die halbkreisförmige Dachrinne ist ein Prisma mit einem Halbkreis als Grundfläche. Für das Volumen V gilt:

$$V = A \cdot \ell = \frac{1}{2}\pi \cdot r^2 \cdot \ell$$

Einsetzen ergibt:

$$V = \frac{1}{2}\pi \cdot (6,4\,cm)^2 \cdot 4\,m = \frac{1}{2}\pi \cdot (6,4\,cm)^2 \cdot 400\,cm \approx 25\,736\,cm^3$$

Wegen 1 dm^3 = 1 ℓ gilt:

$$25\,736\,cm^3 \approx 25,7\,dm^3 = 25,7\,\ell$$

b) (1) Es sind z. B. folgende Querschnitte denkbar:

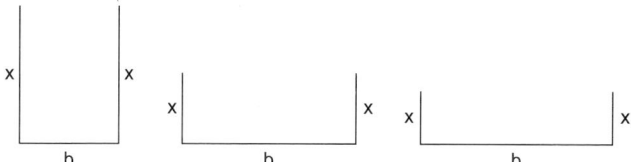

Für den Umfang U gilt jedoch stets:
U = 2x + b = 20   (*)

Für die Querschnittsfläche A gilt:
A = b · x   (**)

Gleichung (*) wird nach b aufgelöst:
b = 20 – 2x

Der Term für b wird in Gleichung (**) eingesetzt:
A = b · x = (20 – 2x) · x = 20x – 2x^2

19

(2) Der x-Wert des Scheitelpunktes liegt in der Mitte zwischen den beiden Null-stellen. Diese werden mit der faktorisierten Form von A(x) ermittelt.

$A = 20x - 2x^2 = (20 - 2x) \cdot x = 0$

Ein Produkt ist genau dann null, wenn mindestens ein Faktor null ist.

$20 - 2x = 0 \quad \vee \quad x = 0$

$\phantom{20 - {}}2x = 20 \quad \vee \quad x = 0$

$x = 10 \quad \vee \quad x = 0$

Damit folgt:

$x_S = 5$

$A_S = (20 - 2 \cdot 5) \cdot 5 = 50$

Der Scheitelpunkt hat die Koordinaten $(5 \,|\, 50)$.

Alternativer Lösungsweg:
Die Koordinaten des Scheitelpunktes werden mit der Scheitelpunktsform ermittelt:

$$
\begin{aligned}
A(x) &= 20x - 2x^2 && \text{Ausklammern} \\
&= -2(x^2 - 10x) && \text{quadratische Ergänzung} \\
&= -2(x^2 - 10x + 25 - 25) && \text{Ausmultiplizieren} \\
&= -2(x^2 - 10x + 25) + 50 && \text{2. binomische Formel} \\
&= -2(x - 5)^2 + 50
\end{aligned}
$$

Daraus folgt für den Scheitelpunkt $S(5 \,|\, 50)$.

Bei einer Höhe von 5 cm ist die Querschnittsfläche mit 50 cm^2 am größten.

(3) Für das Volumen V der Dachrinne mit möglichst großem Volumen gilt:

$V = A \cdot \ell = 50 \text{ cm}^2 \cdot 4 \text{ m} = 50 \text{ cm}^2 \cdot 400 \text{ cm} = 20\,000 \text{ cm}^3 = 20 \text{ dm}^3 = 20 \,\ell$

c) (1) Der Umfang dieser Dachrinne setzt sich aus einem Halbkreis mit dem Radius x und zwei Strecken der Länge h zusammen und ist wieder 20 cm lang. Also gilt:

$$
\begin{aligned}
U = \pi \cdot x + 2 \cdot h &= 20 \\
2h &= 20 - \pi \cdot x \\
h &= 10 - \frac{\pi}{2} \cdot x \quad (*)
\end{aligned}
$$

Die Querschnittsfläche dieser Dachrinne setzt sich aus einem Halbkreis mit dem Radius x und einem Rechteck mit der Höhe h und der Breite 2x zu-sammen. Also gilt:

$$
A = \frac{1}{2} \pi \cdot x^2 + 2x \cdot h \quad (**)
$$

(2) Der Term für h (*) wird in Gleichung (**) eingesetzt:

$$A(x) = \frac{1}{2}\pi \cdot x^2 + 2x \cdot \left(10 - \frac{\pi}{2} \cdot x\right) = \frac{1}{2}\pi \cdot x^2 + 20x - \pi \cdot x^2 = 20x - \frac{1}{2}\pi \cdot x^2$$

(3) Die Koordinaten des Scheitelpunktes geben an, dass bei einem Radius von 6,4 cm die Querschnittsfläche 63,7 cm² beträgt.
Daraus folgt für die Höhe h:

$$h = 10 - \frac{\pi}{2} \cdot x = 10 - \frac{\pi}{2} \cdot 6,4\,cm \approx 0\,cm$$

Für das Volumen V dieser Dachrinne gilt:

$$V = A \cdot \ell = 63,7\,cm^2 \cdot 4\,m = 63,7\,cm^2 \cdot 400\,cm \approx 25\,480\,cm^3 \approx 25,5\,dm^3$$
$$= 25,5\,\ell$$

TIPP Dieses Volumen müsste eigentlich mit dem Volumen aus Teilaufgabe a übereinstimmen. Der Unterschied entsteht durch die vorgenommenen Rundungen.

d) Von den drei Formaten hat die Dachrinne mit dem halbkreisförmigen Querschnitt das größte Fassungsvermögen. Bei der Dachrinne mit halbkreisförmigem Querschnitt und aufgesetztem Rechteckprofil ist die Querschnittsfläche am größten, wenn der Radius maximal, also die Höhe des rechteckigen Aufsatzes null ist. Dies bedeutet, dass es unter diesem Gesichtspunkt keinen Sinn ergibt, halbrunde Rinnen mit einem rechteckigen Aufsatz zu versehen, da dies in jedem Fall zu einer Verkleinerung der optimalen Querschnittsfläche führt.

Aufgabe 3

a) Zunächst wird die Länge der Strecke a berechnet:

$$a^2 + a^2 = 20^2$$
$$2a^2 = 400$$
$$a^2 = 200$$
$$a = \sqrt{200} \ \vee \ a = -\sqrt{200}$$

Geometrisch ist nur die positive Lösung sinnvoll:

$$a = \sqrt{200}\ cm \approx 14,1\,cm$$

Die Länge der quadratischen Holzplatte beträgt:
$$20\,cm + 2 \cdot 14,1\,cm \approx 48,2\,cm$$

b) Ein Glücksrad besteht aus den acht Tafeln mit den Abbildungen und zwei Seitenwänden.

Der Flächeninhalt einer Seitenwand wird mithilfe der Skizze berechnet, indem die Seitenwand in vier Dreiecke, vier Rechtecke und ein Quadrat zerlegt wird.

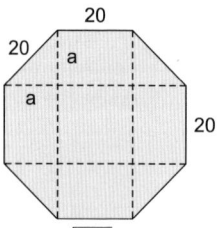

Flächeninhalt einer Seitenwand:

$$A_S = 4 \cdot \frac{1}{2} \cdot a \cdot a + 4 \cdot 20 \cdot a + 20^2 = 2a^2 + 80a + 400$$

Einsetzen von $a = \sqrt{200}$ ergibt:

$$A_S = 2(\sqrt{200})^2 + 80\sqrt{200} + 400 = 400 + 80\sqrt{200} + 400 = 800 + 80\sqrt{200} \approx 1931$$

Alternative Lösung:
Die Seitenwand kann durch vier Dreiecke in den Ecken zu einem Quadrat ergänzt werden.

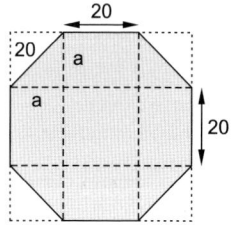

$$A_S = (20 + 2a)^2 - 4 \cdot \frac{1}{2} \cdot a \cdot a$$
$$= 400 + 80a + 4a^2 - 2a^2$$
$$= 2a^2 + 80a + 400$$

Damit ergibt sich für die gesamte Oberfläche O:
$$O = 2 \cdot 1931\,cm^2 + 8 \cdot 20\,cm \cdot 20\,cm = 7062\,cm^2$$

c) Für ein Glücksrad werden acht quadratische Holzplatten mit der Länge 20 cm für die Informationstafeln benötigt, dazu zwei quadratische Holzplatten mit der Länge 48,2 cm für die Seitenwände. Für drei Glücksräder sind es also 24 Platten mit der Seitenlänge 20 cm und 6 Platten mit der Seitenlänge 48,2 cm.

d) Das linke Glücksrad zeigt einen der acht möglichen Bäume an. Unabhängig davon zeigt das mittlere Glücksrad eines der acht möglichen Blätter an. Somit gibt es $8 \cdot 8 = 64$ mögliche Baum-Blatt-Kombinationen. Zu jeder dieser 64 Möglichkeiten zeigt das rechte Glücksrad unabhängig von den Baum-Blatt-Kombinationen eine der acht möglichen Früchte an. Somit gibt es insgesamt $64 \cdot 8 = 512$ Bildkombinationen.

e) Da es acht Bäume auf dem linken Glücksrad gibt, gibt es acht Möglichkeiten für einen Hauptpreis, denn zu jedem Baum gibt es nur eine Möglichkeit, dass Blatt und Frucht passen.

$$P(\text{Hauptpreis}) = \frac{8}{512} \approx 0,016 = 1,6\,\%$$

Einen Trostpreis erhält man, wenn zu einem Baum zwar das richtige Blatt, aber eine der sieben falschen Früchte angezeigt wird. Dafür gibt es $8 \cdot 1 \cdot 7 = 56$ Möglichkeiten. Einen Trostpreis erhält man aber auch, wenn zu einem Baum zwar die richtige Frucht, aber das falsche Blatt angezeigt wird bzw. wenn zu einem Blatt zwar die richtige Frucht, aber der falsche Baum angezeigt wird. Somit gibt es insgesamt $56 \cdot 3 = 168$ Möglichkeiten für einen Trostpreis.

$$P(\text{Trostpreis}) = \frac{168}{512} \approx 0{,}328 = 32{,}8\,\%$$

f) Bei der großen Zahl von 1 200 Leuten lassen sich die Wahrscheinlichkeiten als relative Häufigkeiten interpretieren.

$0{,}016 \cdot 1\,200 \approx 19$

$0{,}328 \cdot 1\,200 \approx 394$

Somit müssen Yvonne und Kevin damit rechnen, etwa 19-mal den Hauptpreis und 394-mal den Trostpreis auszuzahlen.

Einnahmen:
$1\,200 \cdot 50\,\text{ct} = 600\,\text{€}$
Ausgaben:
$19 \cdot 10\,\text{€} + 394 \cdot 1\,\text{€} = 584\,\text{€}$
Gewinn:
$600\,\text{€} - 584\,\text{€} = 16\,\text{€}$

Der voraussichtliche Gewinn beträgt nur 16 €. Es erscheint ratsam, den Preis für das Drehen der Glücksräder zu erhöhen oder die Prämien für den Gewinn zu senken, damit auf jeden Fall ein Minus in der Kasse vermieden wird.

Prüfungsteil I

Aufgabe 1

Die Abbildung zeigt, dass sich die beiden Geraden g und h im Punkt S schneiden.

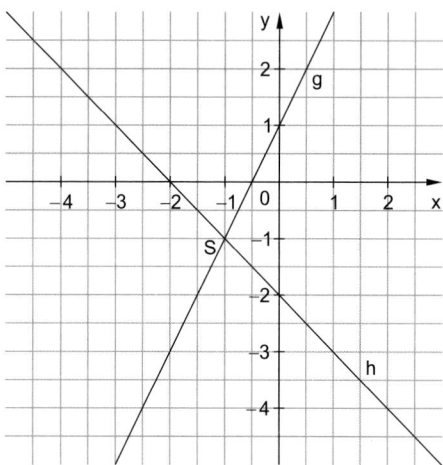

Berechne die Koordinaten des Schnittpunktes S.

Aufgabe 2

Kreuze die richtigen Aussagen an:

Die Parabel mit der Gleichung $f(x) = 2(x-2)^2 + 2$

☐ schneidet nicht die x-Achse.

☐ schneidet nicht die y-Achse.

☐ ist eine verschobene Normalparabel.

☐ hat den Scheitelpunkt S(2|2).

☐ enthält den Punkt P(1|4).

☐ ist nach unten geöffnet.

Aufgabe 3

Mona zeichnet zunächst ein großes Quadrat. Sie verbindet dann die Mittelpunkte der Seiten, sodass in dem Quadrat eine neue Figur entsteht. Sie setzt diese Konstruktion fort, sodass das nebenstehende Muster entsteht.

a) Begründe, dass die neu entstandene Figur wieder ein Quadrat ist.

b) Das große (erste) Quadrat habe die Seitenlänge a.
   Gib den Flächeninhalt an und ermittle den Flächeninhalt des neu entstandenen (zweiten) Quadrats in Abhängigkeit von a.

c) Gib den Flächeninhalt des dritten und n-ten Quadrats in Abhängigkeit von a an.

Aufgabe 4

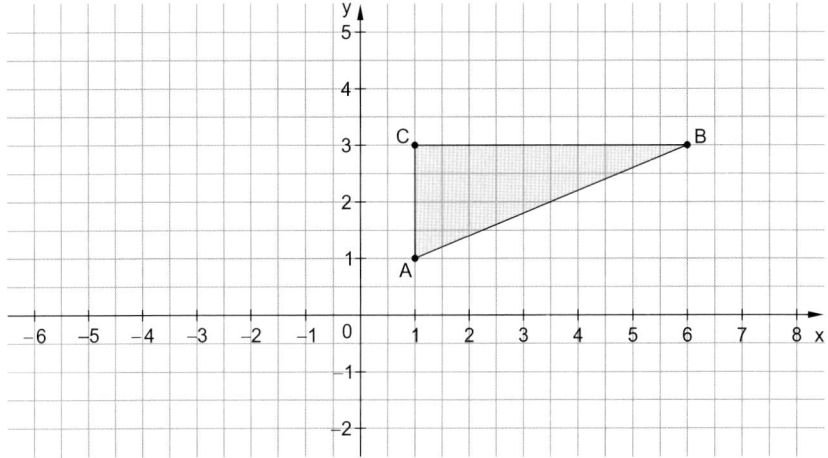

a) Spiegele das Dreieck ABC jeweils
   • an der Seite $\overline{BC}$,
   • an der y-Achse,
   • am Punkt A.

b) Drehe das Dreieck ABC um 90° um den Punkt B.

c) Erläutere, wie sich der Flächeninhalt des Dreiecks ABC verändert, wenn das Dreieck vom Punkt C aus mit dem Faktor 2 zentrisch gestreckt wird.

Aufgabe 5

Trage folgende Zahlen auf der Zahlengeraden ein:

$$-\left(\frac{1}{4}\right)^{\frac{1}{2}} \qquad \left(\frac{4}{3}\right)^{-1} \qquad 150 \cdot 10^{-2} \qquad 0{,}0025 \cdot 10^2 \qquad \frac{1}{2} \cdot (\sqrt{2})^4 \qquad (-1)^4 \qquad -1^4$$

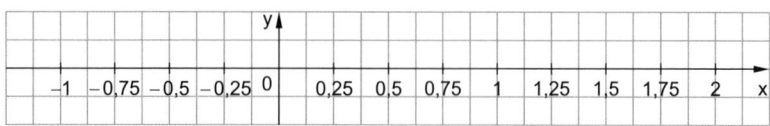

Aufgabe 6

Vergleiche jeweils die beiden Rechenausdrücke; setze „<", „=" oder „>" ein.

$\sqrt{4 \cdot 5 \cdot 12}$ ☐ $6 \cdot \sqrt{15}$

$\sqrt{421}$ ☐ 20

$2 \cdot \sqrt{3}$ ☐ $3 \cdot \sqrt{2}$

Aufgabe 7

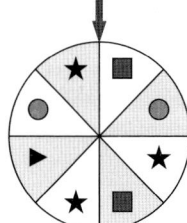 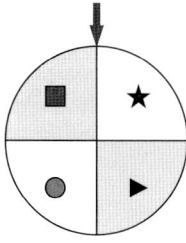 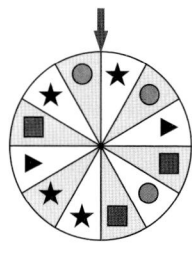

Glücksrad 1   Glücksrad 2   Glücksrad 3

a) Du darfst eines der Glücksräder einmal drehen. Nur wenn das Glücksrad so stehen bleibt, dass unter dem Pfeil das Symbol ★ erscheint, hast du einen Treffer erzielt und bekommst einen Preis.
Überlege, welches Glücksrad du auswählst, und begründe deine Überlegungen.

b) Du drehst jetzt jedes Glücksrad einmal.
Berechne die Wahrscheinlichkeit, dass das Symbol ★ dreimal erscheint, du also drei Treffer erzielst.

c) Du drehst wieder jedes Glücksrad einmal.
Berechne die Wahrscheinlichkeit, dass das Symbol ★ mindestens einmal erscheint.

Aufgabe 1

Beachte, dass der Schnittpunkt berechnet werden soll und nicht nur abgelesen werden darf.

Stelle zunächst die beiden Geradengleichungen auf.

Verwende dazu die Steigung und den y-Achsenabschnitt.

Beachte, dass h eine fallende Gerade ist.

S liegt auf beiden Geraden. Verwende also das Gleichsetzungsverfahren, um das lineare Gleichungssystem zu lösen.

Aufgabe 2

Die Gleichung ist in der Scheitelpunktsform gegeben, aus der du nahezu alle gesuchten Informationen entnehmen kannst.

Alternativ kannst du zunächst mithilfe einer Wertetabelle den Graphen skizzieren.

Der Faktor vor dem x^2 und sein Vorzeichen informieren über die Öffnung der Parabel und die Tatsache, ob es sich um eine Normalparabel handelt.

Eine Begründung wird hier nicht verlangt.

Teilaufgabe 3 a

Du musst zeigen, dass die Figur gleich lange Seiten und rechte Winkel besitzt.

Sieh dir dazu ein Dreieck in der Ecke des großen Quadrats an: Was kannst du über die Seiten und Winkel in diesem Dreieck sagen?

Denk daran, deine Aussagen zu begründen.

Teilaufgabe 3 b

Die Seitenlänge des zweiten Quadrats kannst du mithilfe des Satzes des Pythagoras in dem Dreieck, das du in Teilaufgabe 3 a betrachtet hast, berechnen.

Alternativ überlegst du, welchen Bruchteil des großen Quadrats das zweite Quadrat ausmacht.

Überlege dazu, welche Teile des großen Quadrats nicht mehr zu dem zweiten Quadrat gehören.

Teilaufgabe 3 c

Vergleiche den Flächeninhalt des ersten und zweiten Quadrats miteinander.

Stelle dadurch einen Zusammenhang zwischen dem Flächeninhalt des zweiten und dritten Quadrats her.

Dies lässt sich auf das n-te Quadrat verallgemeinern.

Eine Begründung wird hier nicht verlangt.

Teilaufgabe 4 a

Im ersten Teil musst du nur den Punkt A an der Strecke $\overline{BC}$ spiegeln, der Bildpunkt liegt auf einer Senkrechten zu $\overline{BC}$ im gleichen Abstand wie der Punkt A.

Im zweiten Teil musst du alle drei Punkte an der y-Achse spiegeln. Die Bildpunkte liegen jeweils auf einer Senkrechten zur y-Achse im gleichen Abstand.

Bei der Punktspiegelung liegen die Bildpunkte von B und C jeweils genau gegenüber vom Punkt A.

Teilaufgabe 4 b

Achte darauf, dass es sich bei einer Drehung immer um eine Linksdrehung (also gegen den Uhrzeigersinn) handelt.

Drehe zunächst die Strecke $\overline{BC}$ um 90° um den Punkt B, dann die Strecke $\overline{AC}$.

Ergänze die Figur dann zu einem Dreieck, indem du geeignete Punkte miteinander verbindest.

Teilaufgabe 4 c

Du sollst die zentrische Streckung nicht durchführen, es kann aber dennoch hilfreich sein.

Überlege, wie sich die Seitenlängen des Dreiecks ABC durch die zentrische Streckung verändern und wie sich dies auf die Formel für den Flächeninhalt des Dreiecks auswirkt.

Da es sich um ein rechtwinkliges Dreieck handelt, ist es angebracht, die Strecke $\overline{AC}$ oder $\overline{BC}$ als Grundseite zu betrachten.

Aufgabe 5

Verwandle zunächst alle Zahlen jeweils in eine Dezimalzahl.

Verwende die Potenzgesetze.

Beachte, wie sich das Komma bei positiven bzw. negativen Exponenten verschiebt.

Trage dann aber auf der Zahlengerade die gegebenen Zahlen ein.

Aufgabe 6

Im ersten Fall ziehst du teilweise die Wurzel, damit die Radikanden gleich sind.

Im zweiten Fall genügt eine grobe Abschätzung.

Im dritten Fall ist es hilfreich, die Terme so umzuformen, dass der Faktor vor der Wurzel unter der Wurzel erscheint.

Alternativ kannst du hier auch mit einer Näherung für $\sqrt{2}$ und $\sqrt{3}$ argumentieren.

Teilaufgabe 7 a

Lass dich nicht von der Anzahl der ★-Symbole irritieren, da die Anzahl der Felder auf den Glücksrädern nicht gleich ist.

Berechne jeweils die Trefferwahrscheinlichkeit, indem du die Anzahl der günstigen Ergebnisse durch die Anzahl der möglichen Ergebnisse dividierst.

Dabei musst du darauf achten, in wie viele Bereiche das Glücksrad jeweils aufgeteilt ist.

Vergleiche dann die drei Trefferwahrscheinlichkeiten miteinander.

Teilaufgabe 7 b

Dies ist ein mehrstufiger Zufallsversuch, bei dem du die Pfadregeln anwenden musst.

Ein vollständiges Baumdiagramm ist dazu nicht erforderlich. Es ist aber hilfreich, den entsprechenden Weg im Baumdiagramm aufzuzeichnen und zu beschriften.

Teilaufgabe 7 c

Formuliere zunächst das entsprechende Gegenereignis.

Es ist wesentlich einfacher, die Wahrscheinlichkeit für das Gegenereignis zu berechnen als die Wahrscheinlichkeit für das im Text beschriebene Ereignis.

Beachte den Zusammenhang zwischen diesen beiden Wahrscheinlichkeiten, um damit die gesuchte Wahrscheinlichkeit zu berechnen.

Aufgabe 1

Um die Geradengeleichungen aufzustellen, werden die Steigung und der y-Achsenabschnitt benötigt:

Gerade g: $m = 2$ und $b = 1$

Gerade h: $m = -1$ und $b = -2$

> **TIPP** Um die jeweiligen Steigungen zu ermitteln, geht man vom Scheitelpunkt S aus bei beiden Geraden um zunächst eine Einheit nach rechts. Dann wird abgelesen, um wie viele Einheiten man nach oben bzw. unten gehen muss, um wieder zu der jeweiligen Geraden zu gelangen. Dieser Wert gibt jeweils die Steigung m an. Anschließend wird bei beiden Geraden der y-Achsenabschnitt b aus der Abbildung abgelesen.

Damit ergeben sich folgende Geradengleichungen:

g: $y = 2x + 1$

h: $y = -x - 2$

Um den x-Wert des Schnittpunktes zu berechnen, werden die beiden Terme für y gleichgesetzt:

$$2x + 1 = -x - 2 \quad | + x$$
$$3x + 1 = -2 \quad | -1$$
$$3x = -3 \quad | : 3$$
$$x = -1$$

Der Wert $x = -1$ wird in die Gleichung für g (oder für h) eingesetzt:

$$y = 2 \cdot (-1) + 1 = -1$$

Somit hat der Schnittpunkt die Koordinaten S($-1 | -1$).

Aufgabe 2

Die Parabel mit der Gleichung $f(x) = 2(x-2)^2 + 2$

[X] schneidet nicht die x-Achse.

[ ] schneidet nicht die y-Achse.

[ ] ist eine verschobene Normalparabel.

[X] hat den Scheitelpunkt S($2 | 2$).

[X] enthält den Punkt P($1 | 4$).

[ ] ist nach unten geöffnet.

TIPP Aus der gegebenen Scheitelpunktsform folgt, dass der Scheitelpunkt die Koordinaten S(2 | 2) hat. Der Faktor 2 vor der Klammer sagt aus, dass es sich nicht um eine Form der Normalparabel handelt und dass die Parabel nach oben geöffnet ist. Somit schneidet die Parabel nicht die x-Achse. Setzt man den Wert $x = 0$ ein, ergibt sich $y = 10$, also wird die y-Achse geschnitten (dies ist übrigens bei jeder Parabel so, da zu $x = 0$ immer ein y-Wert existiert). Einsetzen von $x = 1$ führt auf $y = 4$, also liegt P auf der Parabel.

Aufgabe 3

a) Die Abbildung verdeutlicht, dass jedes der vier Dreiecke in den Ecken des großen Quadrats gleichschenklig und rechtwinklig ist. Die Hypotenuse b bildet die Seite der neuen Figur. Jeder Winkel in der neuen Figur ist 90° groß, da die Basiswinkel in den betrachteten Dreiecken 45° groß sind. Somit ist die neue Figur ein Quadrat.

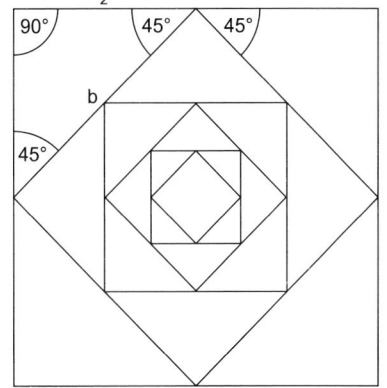

b) Für den Flächeninhalt A_1 des großen Quadrats gilt:

$A_1 = a^2$

Für die Hypotenuse b, die der Seitenlänge des zweiten Quadrats entspricht, gilt:

$$b^2 = \left(\frac{a}{2}\right)^2 + \left(\frac{a}{2}\right)^2 = \frac{a^2}{4} + \frac{a^2}{4} = \frac{a^2}{2} \quad \Rightarrow \quad b = \frac{a}{\sqrt{2}}$$

Für den Flächeninhalt A_2 des zweiten Quadrats gilt also:

$$A_2 = b^2 = \left(\frac{a}{\sqrt{2}}\right)^2 = \frac{a^2}{2}$$

Alternative Lösung:
Das in Teilaufgabe 3a betrachtete Dreieck ist in dem ersten Quadrat achtmal enthalten, in dem neuen zweiten Quadrat nur viermal. Somit ist der Flächeninhalt des zweiten Quadrats halb so groß wie der des ersten Quadrats.

c) Der Flächeninhalt des dritten Quadrats ist wieder die Hälfte des Flächeninhalts des zweiten Quadrats. Für den Flächeninhalt A_3 des dritten Quadrats gilt also:

$$A_3 = \frac{\frac{a^2}{2}}{2} = \frac{a^2}{2 \cdot 2} = \frac{a^2}{4}$$

Mit jeder Konstruktion halbiert sich der Flächeninhalt des neu entstandenen Quadrats. Für den Flächeninhalt A_n des n-ten Quadrats gilt also:

$$A_n = \frac{a^2}{2^{n-1}}$$

Aufgabe 4

a)
b)

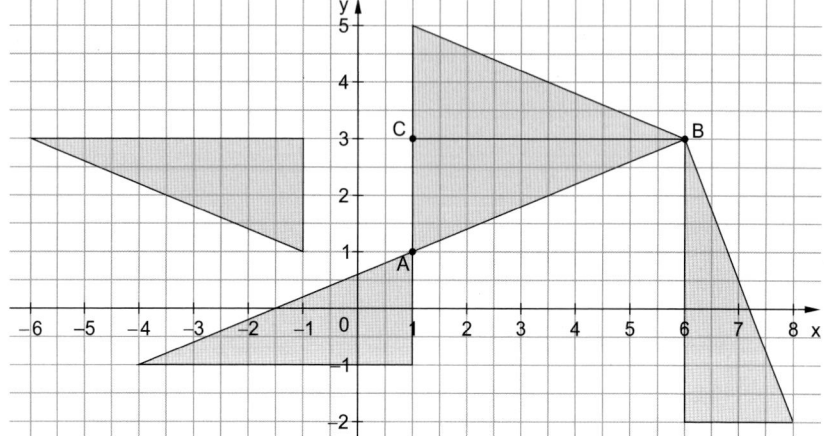

c) Bei der zentrischen Streckung mit dem Faktor 2 werden alle Seitenlängen des Dreiecks verdoppelt, der Flächeninhalt vervierfacht sich also.

Für das Dreieck ABC gilt:

$$A = \frac{1}{2} \cdot \overline{AC} \cdot \overline{BC}$$

Für das gestreckte Dreieck gilt:

$$A_{neu} = \frac{1}{2} \cdot 2 \cdot \overline{AC} \cdot 2 \cdot \overline{BC} = 4 \cdot \frac{1}{2} \cdot \overline{AC} \cdot \overline{BC} = 4 \cdot A$$

TIPP Die nachfolgende Zeichnung ist nicht verlangt:

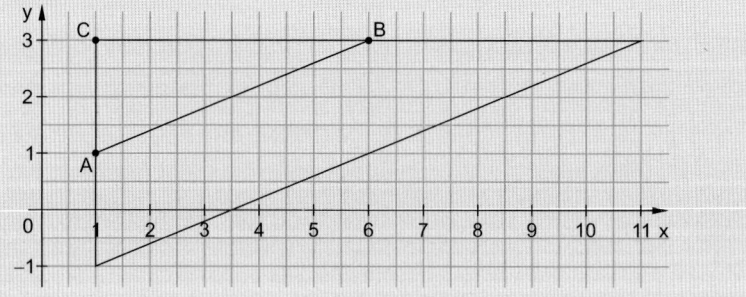

Aufgabe 5

Die gegebenen Zahlen werden zunächst in Dezimalzahlen umgerechnet:

$$-\left(\frac{1}{4}\right)^{\frac{1}{2}} = -\sqrt{\frac{1}{4}} = -\frac{1}{2} = -0,5$$

$$\left(\frac{4}{3}\right)^{-1} = \frac{1}{\frac{4}{3}} = \frac{3}{4} = 0,75$$

$$150 \cdot 10^{-2} = 1,5$$

$$0,0025 \cdot 10^{2} = 0,25$$

$$\frac{1}{2} \cdot (\sqrt{2})^{4} = \frac{1}{2} \cdot 4 = 2$$

$$(-1)^{4} = 1$$

$$-1^{4} = -1$$

Die gegebenen Zahlen werden auf der Zahlengeraden markiert:

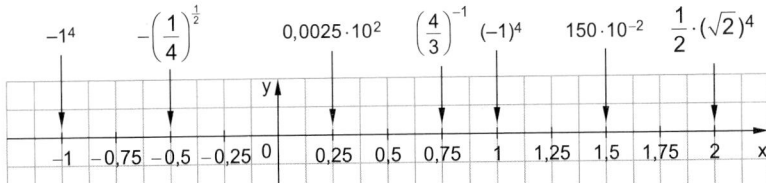

Aufgabe 6

$$\sqrt{4 \cdot 5 \cdot 12} = \sqrt{4 \cdot 5 \cdot 3 \cdot 4} = 4 \cdot \sqrt{5 \cdot 3} = 4 \cdot \sqrt{15} \quad \Rightarrow \quad \sqrt{4 \cdot 5 \cdot 12} < 6 \cdot \sqrt{15}$$

$$\sqrt{400} = 20 \qquad\qquad\qquad\qquad\qquad \Rightarrow \quad \sqrt{421} > 20$$

$$2 \cdot \sqrt{3} = \sqrt{2^{2} \cdot 3} = \sqrt{12}$$
$$3 \cdot \sqrt{2} = \sqrt{3^{2} \cdot 2} = \sqrt{18} \qquad\qquad \Rightarrow \quad 2 \cdot \sqrt{3} < 3 \cdot \sqrt{2}$$

Alternative Lösung:

$$2 \cdot \sqrt{3} \approx 2 \cdot 1,7 = 3,4$$
$$3 \cdot \sqrt{2} \approx 3 \cdot 1,4 = 4,2 \quad \Rightarrow \quad 2 \cdot \sqrt{3} < 3 \cdot \sqrt{2}$$

Aufgabe 7

  a) Das Glücksrad 1 hat acht Felder, von denen drei das Symbol ★ tragen.
  Das Glücksrad 2 hat vier Felder, von denen eines das Symbol ★ trägt.
  Das Glücksrad 3 hat zwölf Felder, von denen vier das Symbol ★ tragen.

Also gilt für die Trefferwahrscheinlichkeiten:

Glücksrad 1: $P(\star) = \dfrac{3}{8} = 0,375$

Glücksrad 2: $P(\star) = \dfrac{1}{4} = 0,25$

Glücksrad 3: $P(\star) = \dfrac{4}{12} = \dfrac{1}{3} \approx 0,33$

Bei Glücksrad 1 ist die Trefferwahrscheinlichkeit am größten.

b)

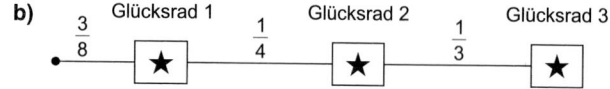

Nach der 1. Pfadregel werden die Wahrscheinlichkeiten längs eines Weges multipliziert:

$$P(\star) = \dfrac{3}{8} \cdot \dfrac{1}{4} \cdot \dfrac{1}{3} = \dfrac{1}{32}$$

c) Das Gegenereignis lautet „Das Symbol $\star$ erscheint gar nicht".
Für jedes Glücksrad wird die Wahrscheinlichkeit berechnet, dass das Symbol $\star$ nicht erscheint:

Glücksrad 1: $P(\text{kein } \star) = \dfrac{5}{8}$

Glücksrad 2: $P(\text{kein } \star) = \dfrac{3}{4}$

Glücksrad 3: $P(\text{kein } \star) = \dfrac{8}{12} = \dfrac{2}{3}$

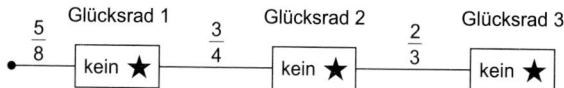

Nach der 1. Pfadregel werden die Wahrscheinlichkeiten längs eines Weges multipliziert:

$$P(\text{kein } \star) = \dfrac{5}{8} \cdot \dfrac{3}{4} \cdot \dfrac{2}{3} = \dfrac{5}{16}$$

Für die gesuchte Wahrscheinlichkeit gilt dann:

$$P(\text{mindestens ein } \star) = 1 - P(\text{kein } \star) = 1 - \dfrac{5}{16} = \dfrac{11}{16}$$

Aufgabe 1: Verpackungen basteln

Jennifer hat sich 20 Blatt stabilen DIN-A4-Zeichenkarton in verschiedenen Farben gekauft, um daraus offene Schachteln zu basteln. Ein DIN-A4-Blatt ist 297 mm lang und 210 mm breit. Das Kartongewicht beträgt $200\,\frac{g}{m^2}$.

Um die Schachteln zu basteln, schneidet sie an den Ecken 5 cm große Quadrate ab, knickt die Seitenwände nach oben und verbindet sie lückenlos mit Klebeband.

a) Fertige eine beschriftete Skizze an.

b) Gib die Maße der Schachtel in cm an und berechne das Fassungsvermögen sowie das Gewicht der Schachtel.

c) Erläutere, welche Veränderungen sich bei den Maßen der Schachtel ergeben, wenn Jennifer die Schachtel nur 3 cm hoch macht.

d) Zeige, dass sich die Grundfläche A der Schachtel in Abhängigkeit von der Seitenlänge x (in cm) des Quadrats durch den Term $A(x) = 4x^2 - 101,4x + 623,7$ beschreiben lässt.

e) Jennifer möchte nun Schachteln basteln, deren Volumen V möglichst groß ist, und überlegt, wie groß die Quadrate sein müssen, die sie an den Ecken abschneidet. Dazu berechnet sie mithilfe einer Tabellenkalkulation für verschiedene Werte von x die zugehörige Grundfläche A(x) und multipliziert diese mit x, um das Volumen V(x) zu erhalten.

x in cm	0	1	2	3	4	5
A(X) in cm²	623,7	526,3	436,9	355,5	282,1	216,7
V(x) in cm³	0	526,3	873,8	1 066,5	1 128,4	1 083,5

x in cm	6	7	8	9	10	10,5
A(X) in cm²	159,3	109,9	68,5	35,1	9,7	0
V(x) in cm³	955,8	769,3	548	315,9	97	0

Erläutere die Bedeutung der grauen Spalten im Sachzusammenhang. Beschreibe, wie Jennifer vorgehen muss, um eine Schachtel mit maximalem Volumen zu erhalten, und gib deren Volumen an.

f) Berechne den Durchmesser einer Schachtel mit kreisförmiger Grundfläche, die das gleiche Volumen und die gleiche Höhe wie Jennifers Schachtel mit der Höhe 5 cm besitzt.

Aufgabe 2: Schwimmbecken

Familie Semmel plant den Bau eines kleinen Schwimmbeckens im Garten. Sie entscheiden sich für ein rechteckiges Becken zum Schwimmen mit einem spitz zulaufenden Whirlpoolbereich an einem Ende und einem Weg aus Holzplatten um das gesamte Becken. Die Maße kannst du der folgenden Skizze entnehmen:

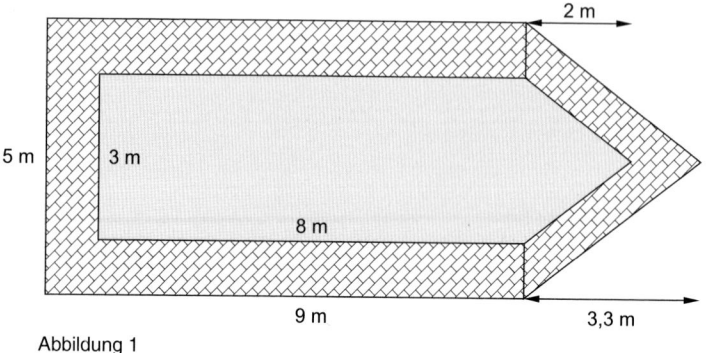

Abbildung 1

Der rechteckige Schwimmbereich ist 2,20 m tief, der Whirlpoolbereich nur 1,20 m.

a) Berechne die Fläche des Weges.

b) Berechne, wie viel Liter Wasser das Becken insgesamt fasst.

c) Herr Semmel bringt an der Wand im Schwimmbereich einen Meterstab an, um den Wasserstand insbesondere beim Auffüllen ablesen zu können. Die Füllung des Beckens erfolgt durch einen Zulauf, der im Schwimmbereich liegt. Aus diesem fließen 240 Liter pro Minute in das Becken.
Die Abbildungen 2–4 zeigen drei sogenannte Füllgraphen, die die Wasserhöhe h (in m) im Schwimmbereich in Abhängigkeit von der Zulaufzeit t (in min) darstellen.

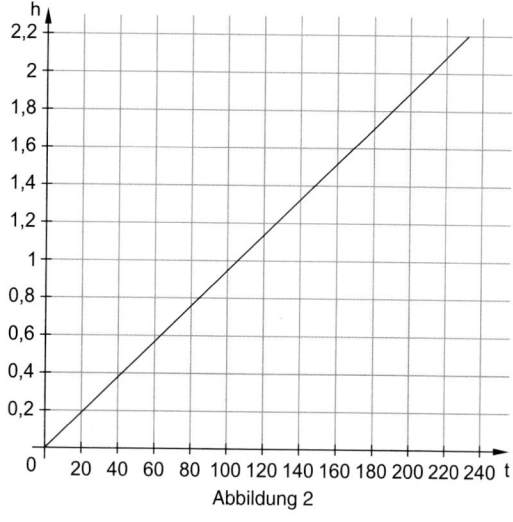

Abbildung 2

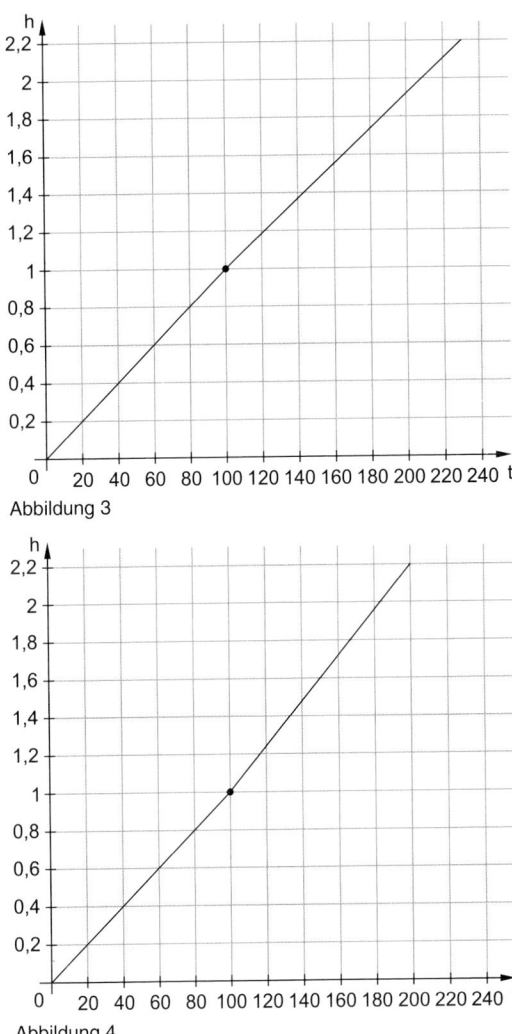
Abbildung 3

Abbildung 4

Wähle begründet den passenden Füllgraphen aus und erläutere auch, warum die anderen Graphen nicht infrage kommen.

d) Frau Semmel plant eine 2 m hohe Rutsche gebaut aus zwei parabelförmigen Bögen, sodass sich das Ende der Rutsche in 2 m Abstand in Höhe der Wasseroberfläche befindet. Sie zeichnet dazu eine Skizze (siehe Abbildung 5 auf der nächsten Seite).
Ermittle die beiden Funktionen, die zu den Bögen gehören.

e) Auf der linken Seite möchte Frau Semmel in einem Winkel von 60° eine Platte montieren, auf der dann Stufen montiert werden.
Berechne die Länge dieser Platte.

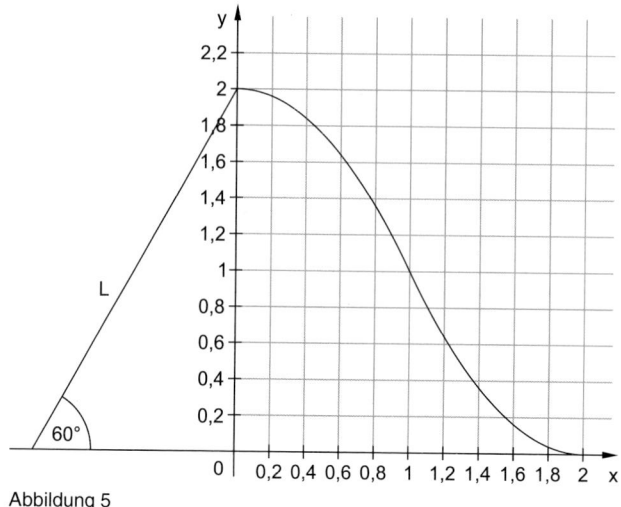

Abbildung 5

Aufgabe 3: Geldtransporte

Vor etwa 10 Jahren wurden zur Einführung der Euro-Währung größere Bargeldmengen in Containern transportiert. Ein Container vom Typ „20 Fuß" ist innen 5,90 m lang, 2,35 m breit und 2,24 m hoch. Er darf mit 29,3 t beladen werden und wiegt dann insgesamt 30,5 t.
Der 50-€-Schein hat mit Abstand den größten Anteil am Bargeldbestand. Ein Bündel 50-€-Scheine enthält 100 Geldscheine, ist 140 mm lang, 77 mm breit und 12 mm hoch und wiegt 92 g.

a) Berechne, welcher Geldbetrag in 50-€-Scheinen höchstens in einen Container passt.

b) Überprüfe rechnerisch, ob dann das Höchstgewicht des Containers überschritten wird.

c) Gib einen Grund dafür an, dass die tatsächlich transportierte Geldmenge geringer ist als die in Teilaufgabe a berechnete.

Beim Be- und Entladen der Lkws werden Kräne eingesetzt. Dabei muss darauf geachtet werden, dass die Tragseile beim Kran stark genug sind, um die Container sicher zu halten. Sollten sie reißen, würden die Container abstürzen. Mit einem Sensor S wird die Zugkraft am Seil gemessen, der elektronische Melder M sorgt dafür, dass notfalls der Hebemechanismus abgeschaltet wird. Die Ausfallwahrscheinlichkeit für einen Sensor beträgt 0,005, für den Melder 0,013.

d) Stelle die Situation in einem Baumdiagramm dar und berechne die Wahrscheinlichkeit, dass das System aus einem Sensor und einem Melder zuverlässig funktioniert.

e) Um die Wahrscheinlichkeit zu erhöhen, wird ein zweiter Melder so geschaltet, dass das Überwachungssystem funktioniert, wenn der Sensor und mindestens einer der beiden Melder funktionieren.
Stelle für einen funktionierenden Sensor die Situation in einem Baumdiagramm dar und berechne die Wahrscheinlichkeit, dass das Überwachungssystem funktioniert.

f) Im Folgenden ist ein anderes Überwachungssystem als Teil eines Baumdiagramms mit der dazugehörigen Berechnung der Zuverlässigkeit dargestellt.

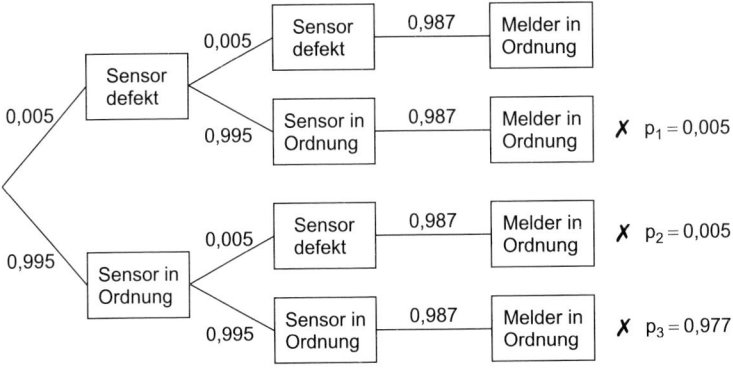

(1) Erläutere die Funktionsweise dieses Systems.
(2) Erläutere die Berechnung der Zuverlässigkeiten für die einzelnen Zweige.
(3) Berechne, mit welcher Wahrscheinlichkeit dieses System insgesamt zuverlässig arbeitet.

Teilaufgabe 1 a

Die Skizze muss nicht maßstabsgetreu sein.

Zeichne auch die Knicklinien ein.

Teilaufgabe 1 b

Mit den Maßen aus deiner Skizze kannst du Länge, Breite und Höhe der Schachtel berechnen.

Die Schachtel ist quaderförmig. Mit den eben angegebenen Maßen berechnest du das Volumen.

Beachte, dass sich die Angabe des Gewichtes im Text auf einen Quadratmeter bezieht. Du musst also zunächst die Oberfläche der Schachtel berechnen.

Benutze dazu die Zerlegungs- oder Ergänzungsmethode.

Teilaufgabe 1 c

Verwende die Skizze aus Teilaufgabe a.

Du sollst nur Veränderungen erläutern, nicht aber die neuen Maße angeben.

Teilaufgabe 1 d

Verwende die Skizze aus Teilaufgabe a. Führe für die Seitenlänge der abgeschnittenen Quadrate die Variable x ein.

Stelle dann für die Länge und Breite der Schachtel einen Term in Abhängigkeit von x auf.

Benutze die Formel für die Rechtecksfläche, um einen Term für die Grundfläche aufzustellen. Vereinfache diesen durch Ausmultiplizieren so weit wie möglich.

Teilaufgabe 1 e

Verändere in Gedanken die Skizze aus Teilaufgabe a, indem du die Quadrate in den Ecken entsprechend anpasst.

Überlege, wie sich die Schachtel verändert, wenn die Seitenlänge der Quadrate immer kleiner bzw. immer größer wird.

Betrachte die vorgegebene Tabelle und beschreibe, wie sich das Volumen mit wachsenden x-Werten verändert.

Das Maximum kannst du ungefähr aus der Tabelle ablesen.

Teilaufgabe 1 f

Wenn du Teilaufgabe b nicht gelöst hast, kannst du die notwendigen Daten der gegebenen Tabelle entnehmen.

Die Formel für das Volumen V eines Zylinders kannst du der Formelsammlung entnehmen.

Beachte, dass nicht der Radius r, sondern der Durchmesser d der Schachtel gesucht ist.

Statt gleich die gegebenen Werte einzusetzen, kannst du auch zunächst die Volumenformel allgemein nach der gesuchten Größe d auflösen und dann die Werte einsetzen.

Teilaufgabe 2 a

Da in der nachfolgenden Teilaufgabe 2 b die Wasseroberfläche für die weitere Rechnung ohnehin benötigt wird, bietet sich hier die Ergänzungsmethode an.

Ergänze Abbildung 1 zu einem Rechteck und gib die für die Berechnung aller Teilflächen notwendigen Seitenlängen an.

Bei den Teilflächen handelt es sich um Rechtecke und Dreiecke.

Teilaufgabe 2 b

Verwende die Volumenformel bei bekannter Grundfläche und Höhe.

Beachte, dass das Becken keine einheitliche Höhe hat. Der Whirlpoolbereich ist flacher.

Denke daran, das Volumen in Litern anzugeben, nicht nur in m³.

Teilaufgabe 2 c

In den Füllgraphen ist die Wasserhöhe h in Abhängigkeit von der Füllzeit t aufgetragen.

Du musst bedenken, dass sich die Grundfläche der Wassersäule während des Füllvorgangs einmal ändert.

Überlege, wie sich die Höhenzunahme der Wassersäule bei gleicher Einlaufgeschwindigkeit ändert, wenn sich die Grundfläche ändert.

Teilaufgabe 2 d

Lies aus der Skizze den x-Wert ab, an dem die beiden Bögen ineinander übergehen.

Du musst für beide Intervalle getrennte Rechnungen anstellen.

Die Koordinaten der Scheitelpunkte kannst du der Abbildung entnehmen. Verwende dann die Scheitelpunktsform für die gesuchten quadratischen Funktionen.

Alternativ kannst du überlegen, durch welche Schritte eine Normalparabel in die Position des jeweiligen Bogens gebracht wird. Prüfe zunächst, ob die Normalparabel gestaucht oder gestreckt werden muss.

Teilaufgabe 2 e

Überlege, welche Größen du in dem entstandenen Dreieck kennst.

Berechne die Länge der Platte mit der passenden trigonometrischen Beziehung.

Teilaufgabe 3 a

Es sind zahlreiche Daten angegeben. Konzentriere dich darauf, die für diese Teilaufgabe wichtigen herauszusuchen.

Beachte, dass die Längenmaße des Bündels und des Containers unterschiedliche Einheiten haben.

Du benötigst also eine gemeinsame Einheit, um das Bündelvolumen mit dem Containervolumen vergleichen zu können.

Du musst nur die Anzahl der Bündel berechnen, die in den Container passen. Es ist nicht danach gefragt, wie diese hineingepackt werden.

Teilaufgabe 3 b

Überlege, welche der beiden Angaben im Text zum Gewicht des Containers hier von Bedeutung ist.

Beachte die unterschiedlichen Einheiten. Das Containergewicht ist in Tonnen angegeben, das Bündelgewicht in g.

Zum Vergleich musst du eine passende gemeinsame Einheit auswählen.

Teilaufgabe 3 c

Überlege, was passieren kann, wenn du den Boden des Containers mit den Bündeln auslegst.

Es sind weit mehr als 200 000 Bündel. Diese können nicht einzeln in den Container gebracht werden.

Teilaufgabe 3 d

Beachte, dass „defekt" und „in Ordnung" Gegenereignisse sind.

Achte beim Baumdiagramm darauf, dass erst der Sensor misst, bevor der Melder das Ergebnis weiterverarbeitet.

Beschrifte das Baumdiagramm.

Markiere evtl. im Baumdiagramm den Pfad, der zum gesuchten Ereignis gehört.

Verwende für die Berechnung der Zuverlässigkeit die erste Pfadregel.

Teilaufgabe 3 e

Da der Sensor auf jeden Fall in Ordnung sein muss, ist hier kein komplettes Baumdiagramm erforderlich. Wenn der erste Melder in Ordnung ist, ist der Zustand des zweiten Melders ohne Bedeutung.

Beschrifte die Teilpfade mit den entsprechenden Wahrscheinlichkeiten und markiere die Pfade, die zu dem betreffenden Ereignis gehören.

Für die Berechnung der Wahrscheinlichkeit verwendest du die erste und zweite Pfadregel.

Alternativ kannst du bei intaktem Sensor das Gegenereignis formulieren und die Wahrscheinlichkeit dafür berechnen.

Die Wahrscheinlichkeit für das Ereignis und das Gegenereignis ergeben in der Summe immer Eins.

Teilaufgabe 3 f

Beachte die Anzahl der Sensoren und der Melder.

Das Baumdiagramm zeigt, welche Bedingung der zweite Sensor erfüllen muss, wenn der erste defekt bzw. in Ordnung ist.

Du sollst nicht die einzelnen Pfade in Worten beschreiben, sondern zu einem Satz zusammenfassen.

Verwende die beiden Pfadregeln in diesem mehrstufigen Baumdiagramm.

Aufgabe 1

a)

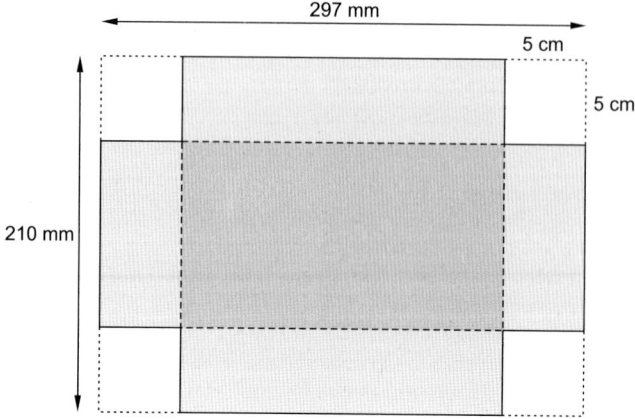

b) Die Schachtel hat folgende Maße:

$h = 5$ cm

$\ell = 297$ mm $- 2 \cdot 50$ mm $= 197$ mm $= 19{,}7$ cm

$b = 210$ mm $- 2 \cdot 50$ mm $= 110$ mm $= 11$ cm

Für das Volumen V der Schachtel gilt:

$V = \ell \cdot b \cdot h = 19{,}7$ cm $\cdot 11$ cm $\cdot 5$ cm $= 1\,083{,}5$ cm^3

Für das Gewicht der Schachtel wird die Oberfläche A der Schachtel benötigt. Entsprechend der Skizze aus Teilaufgabe a kann die zu berechnende Fläche A in fünf Rechtecke zerlegt werden, dem Boden der Schachtel und den vier Seitenwänden, von denen jeweils die gegenüberliegenden den gleichen Flächeninhalt haben.

$A = 19{,}7$ cm $\cdot 11$ cm $+ 2 \cdot 19{,}7$ cm $\cdot 5$ cm $+ 2 \cdot 11$ cm $\cdot 5$ cm $= 523{,}7$ cm^2

Alternative Lösung:

Aus dem DIN-A4-Bogen werden vier Quadrate mit der Seitenlänge 5 cm ausgeschnitten. Also gilt für den verbleibenden Flächeninhalt:

$A = 29{,}7$ cm $\cdot 21$ cm $- 4 \cdot (5$ cm$)^2 = 523{,}7$ cm^2

Wegen 1 m$^2 = 10\,000$ cm^2 gilt:

$A = 523{,}7$ cm$^2 = 0{,}05237$ m^2

Daher gilt für das Gewicht G der Schachtel:

$G = 0{,}05237$ m$^2 \cdot 200 \, \dfrac{g}{m^2} = 10{,}474$ g ≈ 10 g

c) Wird die Höhe um 2 cm kleiner, nimmt die Breite auf jeder Seite um 2 cm zu, insgesamt wird die Schachtel also um 4 cm breiter. Dies gilt auch für die Länge der Schachtel, sie wird um 4 cm länger.
Die neue Schachtel ist also flacher, hat aber eine größere Grundfläche.

d) Eine Schachtel mit der Höhe x (in cm) hat die Länge $29,7 - 2x$ und die Breite $21 - 2x$. Damit ergibt sich für die Grundfläche A:
$$A = \ell \cdot b = (29,7 - 2x)(21 - 2x) = 4x^2 - 101,4x + 623,7$$

e) In den grauen Spalten wird für $x = 0$ cm und $x = 10,5$ cm das Volumen null angegeben. Im ersten Fall schneidet Jennifer nichts weg und kann somit keine Faltschachtel basteln. Im zweiten Fall schneidet sie jeweils die Hälfte der Breite b ab, sodass für die Breite der Faltschachtel kein Papier übrig bleibt. In beiden Fällen ist das Volumen gleich null.
Um eine Schachtel mit maximalem Volumen zu basteln, liest Jennifer die ungefähren Werte aus der Tabelle ab. Dies bedeutet, dass sie in den Ecken Quadrate etwa mit der Seitenlänge 4 cm abschneiden muss, um eine Schachtel mit dem größtmöglichen Volumen von etwa 1 130 cm³ zu erhalten.

f) Die Schachtel mit kreisförmiger Grundfläche stellt einen Zylinder dar. Für das Volumen V gilt:
$$V = \pi \cdot r^2 \cdot h$$
Die gegebenen Werte werden eingesetzt und dann wird die Gleichung nach r aufgelöst.
$$1\,083,5\,\text{cm}^3 = \pi \cdot r^2 \cdot 5\,\text{cm} \qquad \big|\, : (\pi \cdot 5\,\text{cm})$$
$$r^2 = \frac{1\,083,5\,\text{cm}^3}{\pi \cdot 5\,\text{cm}} \qquad \big|\, \sqrt{}$$
$$r = \sqrt{\frac{1\,083,5\,\text{cm}^3}{\pi \cdot 5\,\text{cm}}}$$
$$r \approx 8,3$$
Die negative Wurzel kommt aus geometrischen Gründen nicht infrage.

Für den Durchmesser gilt:
$$d = 2 \cdot r = 2 \cdot 8,3\,\text{cm} = 16,6\,\text{cm}$$

Alternative Lösung:
Für das Volumen gilt mit $r = \frac{d}{2}$:
$$V = \pi \cdot r^2 \cdot h = \pi \cdot \left(\frac{d}{2}\right)^2 \cdot h = \pi \cdot \frac{d^2}{4} \cdot h$$

Die Gleichung wird nach d aufgelöst und dann werden die gegebenen Werte eingesetzt.

$$V = \pi \cdot \frac{d^2}{4} \cdot h \qquad\qquad |:(\pi \cdot h)$$

$$\frac{d^2}{4} = \frac{V}{\pi \cdot h} \qquad\qquad |\cdot 4$$

$$d^2 = \frac{4 \cdot V}{\pi \cdot h} \qquad\qquad |\sqrt{}$$

$$d = \sqrt{\frac{4 \cdot V}{\pi \cdot h}}$$

$$d = \sqrt{\frac{4 \cdot 1\,083,5 \, cm^3}{\pi \cdot 5 \, cm}}$$

$$d \approx 16,6 \, cm$$

Aufgabe 2

a) Abbildung 1 wird zu einem Rechteck ergänzt. Um die Inhalte der Flächen zu berechnen, die nicht zum Weg gehören, werden die notwendigen Seitenlängen eingetragen:

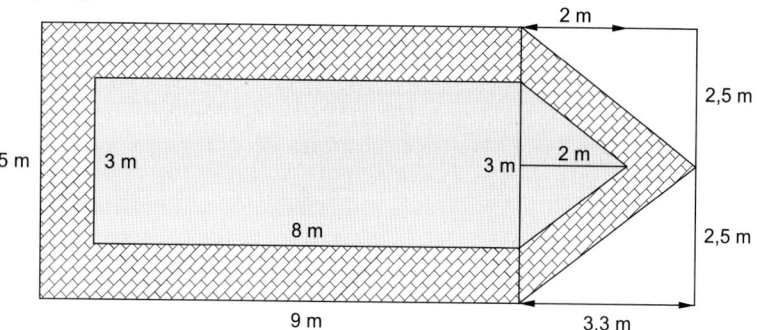

Gesamtfläche:

$$A = 5 \, m \cdot (9 \, m + 3,3 \, m) = 61,5 \, m^2$$

Fläche des Schwimmbereichs:

$$A_S = 3 \, m \cdot 8 \, m = 24 \, m^2$$

Fläche des Whirlpoolbereichs:

$$A_W = \frac{1}{2} \cdot 3 \, m \cdot 2 \, m = 3 \, m^2$$

Fläche des Bereichs rechts des Weges im Garten:

$$A_{Garten} = 2 \cdot \frac{1}{2} \cdot 3,3 \, m \cdot 2,5 \, m = 8,25 \, m^2$$

Damit ergibt sich für die Wegfläche:
$$A_{Weg} = 61{,}5\,m^2 - 24\,m^2 - 3\,m^2 - 8{,}25\,m^2 = 26{,}25\,m^2$$

b) Bei bekannter Grundfläche G gilt für das Volumen $V = G \cdot h$. Da der Wasserstand im Whirlpoolbereich kleiner ist als im Schwimmbereich, müssen beide Volumina getrennt ausgerechnet werden. Die jeweiligen Grundflächen G wurden in Teilaufgabe a) berechnet.

$$V_S = G \cdot h = 24\,m^2 \cdot 2{,}2\,m = 52{,}8\,m^3$$
$$V_W = G \cdot h = 3\,m^2 \cdot 1{,}2\,m = 3{,}6\,m^3$$
$$V = V_S + V_W = 52{,}8\,m^3 + 3{,}6\,m^3 = 56{,}4\,m^3$$

Wegen $1\,m^3 = 1\,000\,dm^3 = 1\,000\,\ell$ gilt:
$$56{,}4\,m^3 = 56\,400\,\ell$$

Das Becken fasst insgesamt 56 400 Liter Wasser.

c) Der rechteckige Schwimmbereich ist 2,20 m tief, der Whirlpoolbereich nur 1,20 m.

Der Graph aus Abbildung 2 kommt nicht infrage, da hier über die gesamte Füllzeit eine proportionale Zunahme der Wasserhöhe erfolgt. Das ist hier aber nicht der Fall. Wenn der untere 1 m tiefe Teil des Schwimmbereichs vollgelaufen ist, breitet sich das einlaufende Wasser auch in den Whirlpoolbereich aus. Die Zunahme der Füllhöhe mit der Zeit ändert sich.

Der Graph aus Abbildung 3 beschreibt passend die Situation. Nach 100 Minuten beträgt der Wasserstand 1 m, danach nimmt die Höhe zwar gleichmäßig, aber weniger mit der Zeit zu, da sich die Grundfläche vergrößert hat.

Der Graph aus Abbildung 4 kommt nicht infrage. Die Steigung nimmt nach 100 Minuten zu, sie muss aber kleiner werden, da sich die Grundfläche vergrößert.

d) Intervall $0 \le x \le 1$

Die Parabel hat ihren Scheitelpunkt im Punkt $(0\,|\,2)$ und verläuft durch den Punkt $(1\,|\,1)$.

Der allgemeine Ansatz für die zugehörige quadratische Funktion lautet in der Scheitelpunktsform:
$$f(x) = a \cdot (x + d)^2 + e$$

Einsetzen ergibt:
$$f(x) = a \cdot (x + 0)^2 + 2 = a \cdot x^2 + 2$$
$$f(1) = a \cdot 1^2 + 2 = 1 \quad | -2$$
$$a = -1$$
$$\Rightarrow \quad f(x) = -x^2 + 2$$

Intervall $1 \le x \le 2$

Die Parabel hat ihren Scheitelpunkt im Punkt $(2\,|\,0)$ und verläuft durch den Punkt $(1\,|\,1)$.

Der allgemeine Ansatz für die zugehörige quadratische Funktion lautet in der Scheitelpunktsform:

$$g(x) = a \cdot (x+d)^2 + e$$

Einsetzen ergibt:

$$g(x) = a \cdot (x-2)^2 + 0 = a \cdot (x-2)^2$$

$$g(1) = a \cdot (1-2)^2 = 1$$

$$a = 1$$

$$\Rightarrow \quad g(x) = (x-2)^2$$

Alternative Lösung:

Intervall $0 \le x \le 1$

Geht man vom Scheitelpunkt eine Längeneinheit nach rechts, muss man auch eine Längeneinheit nach unten gehen, um den Bogen zu erreichen. Also handelt es sich um eine verschobene Normalparabel. Sie ist nach unten geöffnet und um zwei Einheiten nach oben verschoben.

$$\Rightarrow \quad f(x) = -x^2 + 2$$

Intervall $1 \le x \le 2$

Geht man vom Scheitelpunkt eine Längeneinheit nach links, muss man auch eine Längeneinheit nach oben gehen, um den Bogen zu erreichen. Also handelt es sich um eine verschobene Normalparabel. Sie ist um zwei Einheiten nach rechts verschoben:

$$\Rightarrow \quad g(x) = (x-2)^2$$

e) Das entstandene Dreieck ist rechtwinklig. L ist die Hypotenuse und die Kathete, die dem Winkel gegenüberliegt, ist 2 m lang.

Somit gilt:

$$\sin 60° = \frac{2\,\text{m}}{L} \qquad |\cdot L$$

$$L \cdot \sin 60° = 2\,\text{m} \qquad |: \sin 60°$$

$$L = \frac{2\,\text{m}}{\sin 60°}$$

$$L \approx 2{,}31\,\text{m}$$

Die Platte ist etwa 2,31 m lang.

Aufgabe 3

a) Zunächst wird das Volumen V_B eines Bündels und dessen Wert berechnet.

$V_B = \ell \cdot b \cdot h = 140 \text{ mm} \cdot 77 \text{ mm} \cdot 12 \text{ mm} = 14 \text{ cm} \cdot 7,7 \text{ cm} \cdot 1,2 \text{ cm} = 129,36 \text{ cm}^3$

Der Wert eines Bündels 50-€-Scheine ist:
$100 \cdot 50 \text{ €} = 5\,000 \text{ €}$

Das Volumen V_C des Containers berechnet sich wie folgt:
$$V_C = \ell \cdot b \cdot h$$
$$= 5,90 \text{ m} \cdot 2,35 \text{ m} \cdot 2,24 \text{ m} = 590 \text{ cm} \cdot 235 \text{ cm} \cdot 224 \text{ cm}$$
$$= 31\,057\,600 \text{ cm}^3$$

Im letzten Schritt wird berechnet, wie oft das Volumen V_B im Volumen V_C enthalten ist:

$31\,057\,600 \text{ cm}^3 : 129,36 \text{ cm}^3 = 240\,086,5801 \approx 240\,086$

> **TIPP** Hier wird abgerundet, da nur vollständige Bündel eingeladen werden.

Für den Wert dieser Bündel gilt:
$240\,086 \cdot 5\,000 \text{ €} = 1\,200\,430\,000 \text{ €}$
In dem Container wird höchstens ein Betrag von etwa 1,2 Milliarden Euro transportiert.

b) Ein Bündel wiegt 92 g. Damit wird das Gesamtgewicht aller 240 086 Bündel berechnet:
$240\,086 \cdot 92 \text{ g} = 22\,087\,912 \text{ g} \approx 22\,100 \text{ kg} \approx 22,1 \text{ t}$

Der Container darf mit 29,3 t beladen werden. Somit wird das Höchstgewicht nicht überschritten.

c) Mögliche Gründe sind:
- Beim Einpacken bleibt in der Länge, Breite und Höhe noch Platz, weil in diese Lücken kein ganzes Bündel passt.
- Es ist davon auszugehen, dass die 240 086 Bündel nicht einzeln verladen werden, sondern in Kisten, die wiederum auch Platz benötigen. Dadurch werden die Lücken an den Seiten eventuell noch größer.

d) Für die Zuverlässigkeit des Sensors gilt:
$P(S) = 1 - 0,005 = 0,995$

Für die Zuverlässigkeit des Melders gilt:
$P(M) = 1 - 0,013 = 0,987$

Damit ergibt sich folgendes Baumdiagramm:

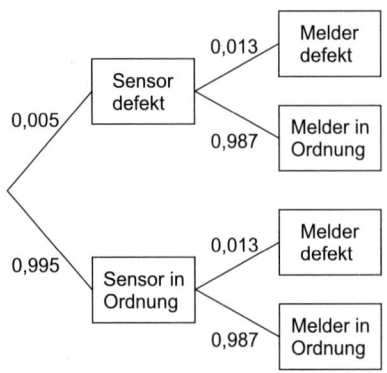

Das System funktioniert zuverlässig, wenn der Sensor und der Melder in Ordnung sind. Dies entspricht dem unteren Pfad im Baumdiagramm.

$P(\text{System funktioniert}) = P(S) \cdot P(M) = 0,995 \cdot 0,987 \approx 0,982 = 98,2\,\%$

e) Die zu dem Ereignis „Das Überwachungssystem funktioniert" gehörigen Pfade sind in dem Baumdiagramm angekreuzt.

Für die Zuverlässigkeit des Sensors gilt:
$P(S) = 1 - 0,005 = 0,995$

Für die Zuverlässigkeit des Melders gilt:
$P(M) = 1 - 0,013 = 0,987$

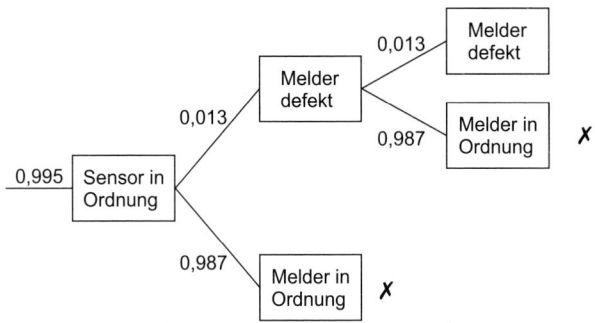

Für die Wahrscheinlichkeit P(System funktioniert) werden die Wahrscheinlichkeiten für die markierten Wege berechnet und addiert:

$P(\text{System funktioniert}) = P(S) \cdot P(\overline{M}) \cdot P(M) + P(S) \cdot P(M)$

Einsetzen der Werte ergibt:

$P(\text{System funktioniert}) = 0,995 \cdot 0,013 \cdot 0,987 + 0,995 \cdot 0,987 \approx 0,995 = 99,5\,\%$

Alternative Lösung:
Es wird das Gegenereignis „Das Überwachungssystem fällt bei einwandfreiem Sensor aus" betrachtet. Dies ist der Fall, wenn beide Melder ausfallen. Zu diesem Gegenereignis gehört der obere nicht angekreuzte Pfad im Baumdiagramm.

Für die Wahrscheinlichkeit P(System funktioniert) gilt:

$P(\text{System funktioniert}) = P(S) \cdot (1 - P(\overline{M}) \cdot P(\overline{M}))$

Einsetzen der Werte ergibt:

$P(\text{System funktioniert}) = 0,995 \cdot (1 - 0,013 \cdot 0,013) \approx 0,995 = 99,5\,\%$

f) (1) Damit dieses Überwachungssystem funktioniert, muss auf jeden Fall der Melder in Ordnung sein und mindestens einer der beiden Sensoren.

(2) Entsprechend der 1. Pfadregel werden die Einzelwahrscheinlichkeiten längs des Pfades multipliziert.

$p_1 = 0,005 \cdot 0,995 \cdot 0,987 \approx 0,005$

$p_2 = 0,995 \cdot 0,005 \cdot 0,987 \approx 0,005$

$p_3 = 0,995 \cdot 0,995 \cdot 0,987 \approx 0,977$

(3) Entsprechend der 2. Pfadregel werden die einzelnen Wahrscheinlichkeiten addiert:

$P(\text{System funktioniert}) = 0,005 + 0,005 + 0,977 = 0,987$

Aufgabe 1

Cem hat entsprechend dem Galtonbrett einen Spielplan entworfen. Dabei gilt folgende Spielregel: Wird eine ungerade Zahl gewürfelt, wird der Spielchip jeweils nach rechts unten weiterbewegt, ansonsten nach links unten. Es wird so lange gewürfelt, bis der Spielchip in einem der vier Kästen ankommt.

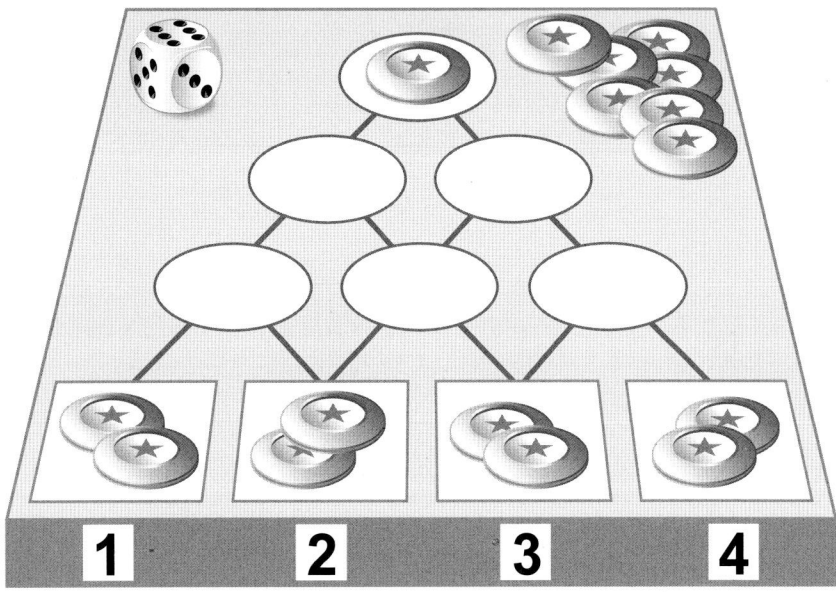

a) Berechne die Wahrscheinlichkeit dafür, dass ein Spielchip in Kasten 1 ankommt.

b) Beschreibe mithilfe der Begriffe „rechts" und „links" alle Wege, die den Spielchip in Kasten 2 führen.

c) Begründe, warum es unwahrscheinlich ist, dass sich 8 Spielchips wie abgebildet gleich auf alle vier Kästen verteilen.

d) Erläutere, wie sich die abgebildeten 16 Spielchips am Ende des Spiels wahrscheinlich auf die vier Kästen verteilen.

Aufgabe 2

Im Folgenden wird beschrieben, welche Abbildungen bei einer Normalparabel vorgenommen werden. Gib jeweils zu der endgültigen Lage der Parabel die zugehörige quadratische Funktion an.

a) Die Normalparabel wird an der x-Achse gespiegelt, mit dem Faktor 2 gestreckt und um 3 Einheiten nach oben verschoben.

b) Die Normalparabel wird mit dem Faktor 0,6 gestaucht, um fünf Einheiten nach unten und um 2,5 Einheiten nach links verschoben.

Aufgabe 3

Annika führt in ihrer Klasse eine Erhebung zur Höhe des wöchentlichen Taschengeldes durch und fertigt folgendes Säulendiagramm an:

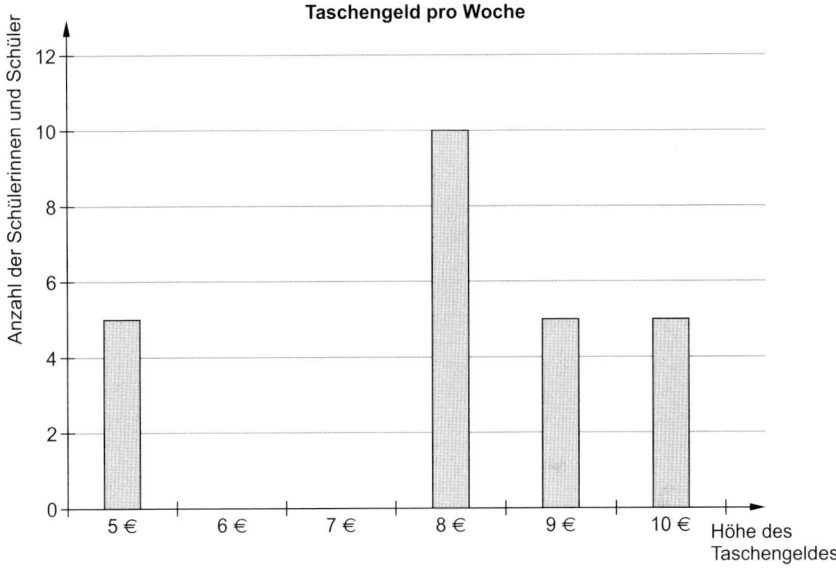

Taschengeld pro Woche

a) Ermittle anhand der Abbildung, wie viele Schülerinnen und Schüler sich in der Klasse an der Umfrage beteiligt haben.

b) Zeige, dass der Mittelwert in der Klasse 8 € entspricht.

c) Erstelle zu dem angegebenen Mittelwert von 8 € eine weitere mögliche Häufigkeitstabelle, in der mindestens zwei unterschiedliche Beträge vorkommen.

Aufgabe 4

Kreuze die passenden Antworten an:

Die Länge einer Strecke, die auf der Karte mit dem Maßstab 1 : 500 000 vier Zentimeter lang ist, beträgt real:	2 km	☐
	20 km	☐
	200 km	☐
Der Parkplatz für einen Pkw hat eine Fläche von etwa:	6 m²	☐
	12 m²	☐
	18 m²	☐
Ein Klassenraum hat ein Volumen von etwa:	100 m³	☐
	200 m³	☐
	1 000 m³	☐
Ein Fußball hat ein Volumen von etwa:	2 ℓ	☐
	3 ℓ	☐
	5,5 ℓ	☐

Aufgabe 5

a) Die nachfolgende Abbildung zeigt die Graphen von fünf Exponentialfunktionen. Ordne diese den fünf Funktionsgleichungen zu.

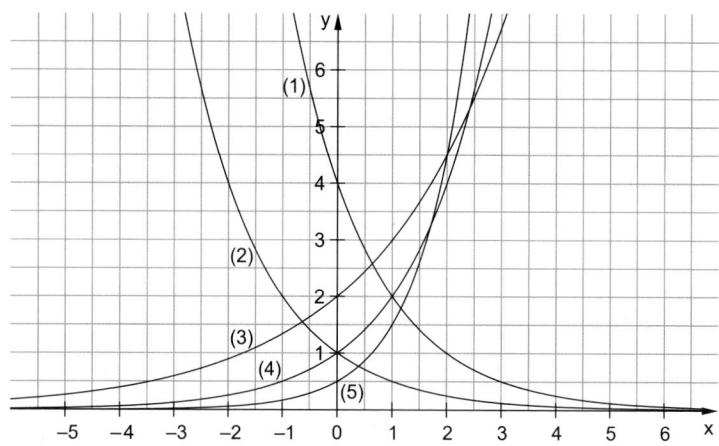

(A) $f(x) = 2^x$

(B) $f(x) = 2 \cdot 1,5^x$

(C) $f(x) = 4 \cdot 0,5^x$

(D) $f(x) = 0,5^x$

(E) $f(x) = 0,5 \cdot 3^x$

b) Die folgende Tabelle enthält die Funktionswerte zweier Exponentialfunktionen. Ermittle die zugehörigen Funktionsgleichungen.

x	−1	0	1	2	3
f(x)	1	2	4	8	16
g(x)	2	1	$\frac{1}{2}$	$\frac{1}{4}$	$\frac{1}{8}$

Aufgabe 6

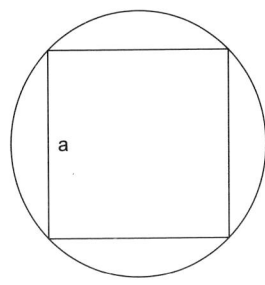

Abbildung 1

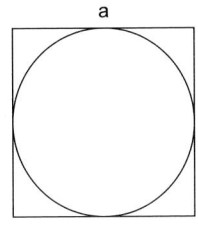

Abbildung 2

a) Begründe, dass in Abbildung 1 der Kreis den Radius $r = \frac{a}{2} \cdot \sqrt{2}$ und in Abbildung 2 den Radius $r = \frac{a}{2}$ hat.

b) Gib für beide Abbildungen den Flächeninhalt des Kreises in Abhängigkeit von a an.

c) Berechne in beiden Abbildungen den Inhalt der Fläche zwischen dem Quadrat und dem Kreis.

Aufgabe 7

a) Begründe, dass ein Dreieck mit den Seitenlängen 5 cm, 12 cm und 13 cm rechtwinklig ist.

b) Erläutere, wo in diesem Dreieck der rechte Winkel liegt.

c) Berechne den Flächeninhalt des Dreiecks.

Teilaufgabe 1 a

Berechne zunächst die Wahrscheinlichkeit dafür, dass ein Spielchip nach dem Würfeln nach rechts bzw. links unten bewegt wird.

Beschreibe den Weg des Spielchips.

Die Abbildung ist mit einem Baumdiagramm vergleichbar. Verwende die Pfadregel.

Teilaufgabe 1 b

Überlege, wie oft sich die Figur während eines Zuges nach rechts unten bewegen darf. Es gibt mehrere Möglichkeiten, wann die Rechtsabweichung erfolgt.

Teilaufgabe 1 c

Erläutere, was du bei einer Gleichverteilung über die Anzahl der Wege in die einzelnen Kästen aussagen könntest.

Verwende dann die Ergebnisse aus den ersten beiden Teilaufgaben.

Teilaufgabe 1 d

Du benötigst zunächst die Wahrscheinlichkeiten dafür, dass eine Figur in Kasten 1, 2, 3 oder 4 ankommt.

Dafür musst du wissen, wie viele Wege in jeden Kasten führen.

Die Wahrscheinlichkeiten kannst du als relative Häufigkeiten interpretieren und damit die jeweilige Anzahl ausrechnen.

Teilaufgabe 2 a

Bei der Spiegelung an der x-Achse ändern die Funktionswerte ihr Vorzeichen.

Bei der Streckung mit dem Faktor 2 werden die Funktionswerte doppelt so groß.

Bei der Verschiebung um 3 Einheiten nach oben werden die Funktionswerte um 3 größer.

Teilaufgabe 2 b

Bei der Stauchung mit dem Faktor 0,6 werden die Funktionswerte 0,6-mal so groß.

Bei der Verschiebung um 5 Einheiten nach unten werden die Funktionswerte um 5 kleiner.

Bei der Verschiebung um 2,5 Einheiten nach links liegt z. B. der Scheitelpunkt an der Stelle $x + 2{,}5$.

Teilaufgabe 3 a

Beachte die Höhe der Säulen und die Skalierung der Hochachse.

Teilaufgabe 3 b

Berechne zunächst, wie viel Taschengeld in der Klasse insgesamt ausgezahlt wurde.

Teile diesen Wert durch die Anzahl der Schülerinnen und Schüler.

Vergleiche das Ergebnis dann mit dem vorgegebenen Wert.

Alternativ kannst du auch die Summe des ausgezahlten Taschengeldes mit dem Wert vergleichen, der sich ergibt, wenn alle Taschengeld in Höhe des Mittelwerts erhalten würden.

Teilaufgabe 3 c

Hier gibt es keine eindeutige Lösung und es wird keine Begründung verlangt.

Bedenke, dass die Summe der Abweichungen vom Mittelwert nach oben genauso groß sein muss wie die Summe der Abweichungen nach unten.

Beachte, dass die Anzahl der Schülerinnen und Schüler nicht vorgegeben ist.

Aufgabe 4

Die Streckenlänge kannst du mit dem angegebenen Maßstab exakt berechnen. Achte auf die korrekte Umrechnung der Längeneinheiten.

Schätze die Breite und Länge eines Pkws und denke daran, dass auf dem Parkplatz seitlich noch Platz zum Ein- und Aussteigen ist.

Schätze Länge, Breite und Höhe eines Klassenraums und berechne dann das zugehörige Quadervolumen.

Vergleiche die vorgegebenen Angaben zum Volumen mit entsprechenden Gegenständen aus dem Alltag: Saftpackungen, Eimer oder auch Trinkgläser.

Teilaufgabe 5 a

Die Schnittpunkte mit der y-Achse sind bei allen Exponentialfunktionen leicht zu berechnen.

Der Wachstumsfaktor entscheidet darüber, ob der Graph der Exponentialfunktion fallend oder steigend ist.

Teilaufgabe 5 b

Aus dem Funktionswert an der Stelle $x = 0$ kannst du den Vorfaktor b ableiten.

Ermittle dann den Wachstumsfaktor a, indem du dir die Entwicklung der Funktionswerte ansiehst. Die x-Werte nehmen dabei immer um eins zu.

Teilaufgabe 6 a

Zeichne in Abbildung 1 den Radius so ein, dass ein rechtwinkliges Dreieck entsteht, in dem eine Seite a ist. Verwende den Satz des Pythagoras.

Zeichne in Abbildung 2 den Radius so ein, dass du ihn direkt mit der Seite a des Quadrats vergleichen kannst.

Teilaufgabe 6 b

Verwende die Formel für den Flächeninhalt des Kreises und setze die beiden in Teilaufgabe a genannten Terme für r ein.

Vereinfache die entstehenden Terme.

Teilaufgabe 6 c

Verwende die Ergebnisse aus der Teilaufgabe b. Achte darauf, ob jeweils das Quadrat oder der Kreis den größeren Flächeninhalt hat.

Teilaufgabe 7 a

Wende den Satz des Pythagoras an.

Nur eine der drei Seiten kommt als Hypotenuse infrage.

Teilaufgabe 7 b

Der rechte Winkel liegt der längsten Seite gegenüber.

Teilaufgabe 7 c

Verwende die bekannte Formel für den Flächeninhalt. Beachte, dass die Höhe senkrecht auf der Grundseite steht.

Lösungsvorschlag zum Prüfungsteil I

Aufgabe 1

a) Der Spielchip wird nach rechts unten weiterbewegt, wenn eine 1, 3 oder 5 gewürfelt wird. Also wird der Spielchip nach links unten weiterbewegt, wenn eine 2, 4 oder 6 gewürfelt wird. Somit sind beide Ergebnisse gleich wahrscheinlich:

$$P(\text{links}) = P(\text{rechts}) = \frac{1}{2}$$

Der Spielchip kommt in Kasten 1 an, wenn er sich dreimal nach links unten bewegt.

$$P(\text{Kasten 1}) = \frac{1}{2} \cdot \frac{1}{2} \cdot \frac{1}{2} = \frac{1}{8}$$

b) In den Kasten 2 führen drei Wege:
links – links – rechts, links – rechts – links, rechts – links – links

c) Die Anzahl der Wege, die in die einzelnen Kästen führen, ist nicht gleich. In Kasten 1 führt genau ein Weg, in Kasten 2 führen drei Wege. Also ist es unwahrscheinlich, dass sich eine Gleichverteilung einstellt.

d) Aus Symmetriegründen führen drei Wege in den Kasten 3 und ein Weg in Kasten 4. Alle Wege sind gleich wahrscheinlich. Somit gilt für die Wahrscheinlichkeiten:

$$P(\text{Kasten 1}) = P(\text{Kasten 4}) = \frac{1}{2} \cdot \frac{1}{2} \cdot \frac{1}{2} = \frac{1}{8}$$

$$P(\text{Kasten 2}) = P(\text{Kasten 3}) = 3 \cdot \frac{1}{2} \cdot \frac{1}{2} \cdot \frac{1}{2} = \frac{3}{8}$$

Alternative Lösung:
Die Wege in Kasten 3 bzw. Kasten 4 können auch konkret angegeben werden:
Kasten 3
rechts – rechts – links, rechts – links – rechts, links – rechts – rechts
Kasten 4
rechts – rechts – rechts

Die Wahrscheinlichkeiten lassen sich als relative Häufigkeiten interpretieren und werden mit der jeweiligen Anzahl der Wege multipliziert:

$$\text{Anzahl(Kasten 1)} = \text{Anzahl(Kasten 4)} = \frac{1}{8} \cdot 16 = 2$$

$$\text{Anzahl(Kasten 2)} = \text{Anzahl(Kasten 3)} = \frac{3}{8} \cdot 16 = 6$$

Somit werden wahrscheinlich in Kasten 1 und Kasten 4 jeweils 2 Spielchips sein und in Kasten 2 und Kasten 3 jeweils 6 Spielchips.

59

Aufgabe 2

a) Spiegelung an der x-Achse: $f(x) = x^2 \Rightarrow f(x) = -x^2$

Streckung mit dem Faktor 2: $f(x) = -x^2 \Rightarrow f(x) = -2x^2$

Verschiebung um 3 Einheiten nach oben: $f(x) = -2x^2 \Rightarrow f(x) = -2x^2 + 3$

b) Stauchung mit dem Faktor 0,6: $g(x) = x^2 \Rightarrow g(x) = 0,6x^2$

Verschiebung um 5 Einheiten nach unten: $g(x) = 0,6x^2 \Rightarrow g(x) = 0,6x^2 - 5$

Verschiebung um 2,5 Einheiten nach links: $g(x) = 0,6x^2 - 5$

$\Rightarrow g(x) = 0,6(x + 2,5)^2 - 5$

Aufgabe 3

a) Aus der Abbildung ergeben sich folgende Häufigkeiten:

Höhe des Taschengeldes	5 €	8 €	9 €	10 €
Anzahl der Schülerinnen und Schüler	5	10	5	5

In der Klasse haben sich $5 + 10 + 5 + 5 = 25$ Schülerinnen und Schüler an der Umfrage beteiligt.

> **TIPP** Es wird nicht erwartet, die Werte in einer Tabelle zu erfassen. Sie ist jedoch hilfreich für die nächste Teilaufgabe.

b) Taschengeld insgesamt:

$5 \cdot 5 € + 10 \cdot 8 € + 5 \cdot 9 € + 5 \cdot 10 € = 200 €$

Dieser Betrag wird auf die 25 Schülerinnen und Schüler verteilt:

$200 € : 25 = 8 €$

Der Mittelwert beträgt 8 €.

Alternative Lösung:

Wenn jedes Kind 8 € Taschengeld erhalten würde, würden die Schülerinnen und Schüler insgesamt Taschengeld in folgender Höhe erhalten:

$25 \cdot 8 € = 200 €$

Der Wert entspricht dem insgesamt ausgezahlten Taschengeld.

Alternative Lösung:

5 Schülerinnen und Schüler erhalten jeweils 3 € weniger als der Mittelwert, insgesamt also 15 € weniger. 5 Schülerinnen und Schüler erhalten jeweils 1 € mehr als der Mittelwert und weitere 5 erhalten 2 € mehr als der Mittelwert, insgesamt also 15 € mehr. Das gleicht sich aus.

c) Möglich sind z. B. folgende Tabellen:

Höhe des Taschengeldes	6 €	8 €	10 €
Anzahl der Schülerinnen und Schüler	7	10	7

Höhe des Taschengeldes	7 €	9 €
Anzahl der Schülerinnen und Schüler	12	12

Höhe des Taschengeldes	6 €	8 €	9 €
Anzahl der Schülerinnen und Schüler	5	10	10

TIPP Bei der ersten Tabelle beträgt die Abweichung vom Mittelwert nach oben und unten jeweils 2 € und die Anzahl der Abweichungen ist jeweils gleich.
Die zweite Tabelle enthält den Mittelwert nicht, aber die Abweichungen nach oben und unten betragen jeweils 1 € und die Anzahl der Abweichungen ist jeweils gleich.
In der dritten Tabelle sind die Abweichungen vom Mittelwert ebenso wie die Anzahlen unterschiedlich. Die Abweichung nach unten beträgt $5 \cdot 2 € = 10 €$, die Abweichung nach oben ist mit $10 \cdot 1 € = 10 €$ genauso groß.

Aufgabe 4

Die Länge einer Strecke, die auf der Karte mit dem Maßstab 1:500 000 vier Zentimeter lang ist, beträgt real:	2 km	☐
	20 km	☒
	200 km	☐
Der Parkplatz für einen Pkw hat eine Fläche von etwa:	6 m²	☐
	12 m²	☒
	18 m²	☐
Ein Klassenraum hat ein Volumen von etwa:	100 m³	☐
	200 m³	☒
	1 000 m³	☐
Ein Fußball hat ein Volumen von etwa:	2 ℓ	☐
	3 ℓ	☐
	5,5 ℓ	☒

TIPP Folgende Überlegungen führen auf das richtige Ergebnis:
$500\,000 \cdot 4\ cm = 2\,000\,000\ cm = 20\,000\ m = 20\ km$
Ein Pkw ist etwa 4,50 m lang und 2 m breit, hat also eine Grundfläche von 9 m². Da auf allen Seiten auf dem Parkplatz noch etwas Platz ist, ist die richtige Lösung 12 m².
Ein Klassenraum ist geschätzt 3 m hoch, 10 m lang und 7 m breit, hat also ein Volumen von 210 m³. Da der Wert auf einer Schätzung beruht, ist 200 m³ die richtige Lösung.
In einem Wassereimer mit dem Volumen 10 ℓ nimmt der Fußball etwa den halben Platz ein, also ist 5,5 ℓ die richtige Lösung.

Aufgabe 5

Es wird die allgemeine Funktionsgleichung $f(x) = b \cdot a^x$ betrachtet. Für den Wachstumsfaktor a gilt:

$0 < a < 1$: $f(x)$ ist fallend.

$a > 1$: $f(x)$ ist steigend.

Jeder Graph verläuft durch den Punkt $P(0 \mid b)$, da $f(0) = b$ ist.

a) A $\Rightarrow$ (4)

  B $\Rightarrow$ (3)

  C $\Rightarrow$ (1)

  D $\Rightarrow$ (2)

  E $\Rightarrow$ (5)

b) Funktion f

  $f(0) = 2$, also ist $b = 2$.

  Vergrößert man den x-Wert jeweils um 1, wird der Funktionswert jeweils verdoppelt. Also ist der Wachstumsfaktor $a = 2$.

  Alternative Lösung:

  $f(1) = 4 = 2 \cdot a \quad \vert : 2$

  $\qquad\quad 2 = a$

  Damit folgt:

  $f(x) = 2 \cdot 2^x$

  Funktion g

  $g(0) = 1$, also ist $b = 1$.

  Vergrößert man den x-Wert jeweils um 1, wird der Funktionswert jeweils halbiert. Also ist der Wachstumsfaktor $a = 0,5$.

  Alternative Lösung:

  $g(1) = \dfrac{1}{2} = a$

  Damit folgt:

  $g(x) = 0,5^x$

Aufgabe 6

a) In Abbildung 1 wird der Radius r in der Zeichnung so ergänzt, dass mit einem rechtwinkligen Dreieck die Berechnung möglich ist. In Abbildung 2 wird der Radius parallel zu einer Seite des Quadrats eingezeichnet:

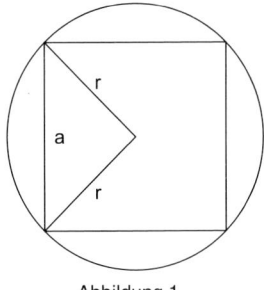

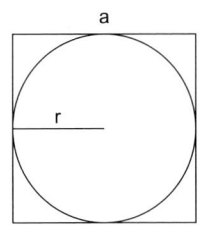

Abbildung 1   Abbildung 2

Abbildung 1:
In dem rechtwinkligen Dreieck mit der Hypotenuse a und den Katheten r ergibt sich mit dem Satz des Pythagoras:

$r^2 + r^2 = a^2$

$\quad 2r^2 = a^2 \qquad\qquad |:2$

$\quad\ r^2 = \dfrac{a^2}{2} \qquad\qquad |\sqrt{\ }$

$\quad\ \ r = \dfrac{a}{\sqrt{2}} = \dfrac{a}{2} \cdot \sqrt{2}$

TIPP Da es sich um eine Strecke handelt, kommt die negative Lösung nicht infrage.

Abbildung 2:
Hier wird unmittelbar deutlich, dass der Durchmesser des Kreises so groß ist wie die Seite a des Quadrats. Also gilt für den Radius $r = \frac{a}{2}$.

b) Abbildung 1: $\quad A = \pi r^2 = \pi \cdot \dfrac{a^2}{2} = \dfrac{\pi}{2} \cdot a^2$

Abbildung 2: $\quad A = \pi r^2 = \pi \cdot \left(\dfrac{a}{2}\right)^2 = \pi \cdot \dfrac{a^2}{4} = \dfrac{\pi}{4} \cdot a^2$

c) Abbildung 1: $\quad A = A_{Kreis} - A_{Quadrat} = \dfrac{\pi}{2} \cdot a^2 - a^2 = \left(\dfrac{\pi}{2} - 1\right) \cdot a^2$

Abbildung 2: $\quad A = A_{Quadrat} - A_{Kreis} = a^2 - \dfrac{\pi}{4} \cdot a^2 = \left(1 - \dfrac{\pi}{4}\right) \cdot a^2$

Aufgabe 7

a) Die Hypotenuse ist die längste Seite im Dreieck. Sie ist also 13 cm lang. Es gilt:

$13^2 = 169$

$5^2 + 12^2 = 25 + 144 = 169$

Der Satz des Pythagoras ist erfüllt, also ist das Dreieck rechtwinklig.

b) Der rechte Winkel liegt der Hypotenuse gegenüber. Daher bilden die beiden 5 cm und 12 cm langen Katheten die Schenkel des rechten Winkels.

c) Für den Flächeninhalt des Dreiecks gilt:

$$A = \frac{g \cdot h}{2}$$

Die beiden Katheten stehen senkrecht aufeinander. Also ist die 5 cm lange Kathete die Höhe zur 12 cm langen Kathete (und umgekehrt).

Damit ergibt sich:

$$A = \frac{g \cdot h}{2} = \frac{5\,\text{cm} \cdot 12\,\text{cm}}{2} = 30\,\text{cm}^2$$

Aufgabe 1: Pflanzenversand

Eine Gärtnerei zieht Hopfenpflanzen heran, um sie anschließend online anzubieten und zu versenden. Neben der alten Sorte, deren Höhe anfangs täglich um 20 % zunimmt, wird auch eine neue Sorte angepflanzt, deren Höhe anfangs um 15 cm pro Tag zunimmt. Die Gärtnerei kauft von beiden Sorten Setzlinge, die eine Höhe von 30 cm haben.

a) Stelle für beide Sorten jeweils die Funktion auf, die die Höhe h der Pflanze in Abhängigkeit von der Zeit t in Tagen beschreibt, und berechne die Höhe der Pflanze nach 5 bzw. 10 Tagen.

b) Erläutere, warum das oben beschriebene Wachstum ungeeignet ist, die Höhe h in Abhängigkeit von der Zeit t über einen längeren Zeitraum zu berechnen.

Die Kunden erwarten, von der Gärtnerei möglichst kräftige Pflanzen zu erhalten, die schon eine gewisse Höhe erreicht haben. Der Versanddienstleister bietet an, die Pflanzen in Kartons als Sperrgut zu transportieren. Dazu darf der Karton höchstens 2 m hoch sein und die Summe aus der Höhe, der doppelten Breite und der doppelten Länge darf nicht größer sein als 3,60 m.
Die Gärtnerei zieht die Pflanzen in würfelförmigen Töpfen mit der Kantenlänge 10 cm heran. Deswegen wählt die Gärtnerei für den Versand Kartons mit quadratischer Grundfläche aus. In jedem Karton werden mehrere Pflanzen stehend transportiert.

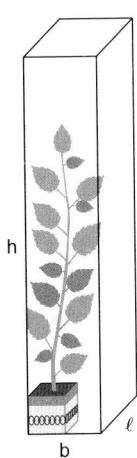

c) Berechne die maximalen Maße des Kartons. Die Höhe der Pflanzen soll möglichst groß sein.

d) Die Gärtnerei bietet die Pflanzen online an.
Berechne, wie viele Pflanzen bestellt werden müssen, damit die Pflanzen in dem Versandkarton dicht an dicht ohne Zwischenraum stehen.

e) Bestimme, nach wie vielen Tagen jeweils der Versand der Pflanzen der alten und der neuen Sorte spätestens erfolgen muss.

Aufgabe 2: Freizeitpark

Um die Attraktivität seines Freizeitparks zu steigern, möchte der Betreiber gleich zu Beginn der Saison verschiedene Maßnahmen ergreifen.

Zum einen greift er eine Idee aus Dänemark auf, die CO_2-Einsparungen in Form einer Kugel zu präsentieren, die er im Eingangsbereich aufstellen möchte. Die Kugel stellt dabei die Größe einer Tonne CO_2 dar.

© greens_climate/Flickr, CC BY 2.0

a) Berechne den Durchmesser der Kugel. Beachte, dass Kohlendioxid eine Dichte von $1,977\,\frac{g}{\ell}$ hat.

b) Alternativ kann die Einsparung auch in Form eines Würfels dargestellt werden. Berechne seine Kantenlänge.

c) Berechnungen haben ergeben, dass in der vergangenen Saison 500 kg CO_2 eingespart wurden. Der Betreiber behauptet, dass die Kugel dann nur halb so groß wäre.
Beurteile die Aussage des Betreibers.

Eine weitere Maßnahme soll die Durchführung von Verlosungen sein, sodass ein Rabatt auf den Eintrittspreis gewährt wird. Dazu wird an jede Person ein Rubbellos mit zwei Feldern verteilt. Hinter jedem Feld verbergen sich die Ziffern 0 bis 5 mit gleicher Wahrscheinlichkeit.

Rubbeln Sie den Rabatt frei

Die angezeigte Zahl gibt den Rabatt in % an.
ABER: Erscheint links oder rechts eine 0, gibt es keinen Rabatt.

d) Gib an, welcher tatsächliche Rabatt mindestens und welcher Rabatt höchstens möglich ist.

e) Berechne mithilfe eines Baumdiagramms die Wahrscheinlichkeit, keinen Rabatt zu erhalten.

f) An einem Sommertag kommen etwa 20 000 Besucherinnen und Besucher in den Freizeitpark, die Eintritt zahlen müssen.
Berechne, wie viele damit rechnen können, weniger als die Hälfte des üblichen Eintrittspreises zahlen zu müssen.

Aufgabe 3: Papiertaschentücher

Ein Päckchen Papiertaschentücher ist 10,5 cm lang, 5,25 cm breit und zusammengedrückt 1,3 cm hoch. Es trägt die Aufschrift „10 Stück; 4-lagig; 21 cm mal 21 cm". Eine Großpackung enthält 18 Päckchen.

a) Berechne die Dicke einer Lage eines Papiertaschentuchs in mm.

b) Berechne den Inhalt der Fläche in m², die mit einer Großpackung bedeckt werden kann, wenn alle 4 Lagen eines Taschentuchs einzeln verwendet werden.

c) Berechne, wie viele Päckchen in einem Jahr in Deutschland (82 Millionen Einwohnerinnen und Einwohner) benötigt werden, wenn man davon ausgeht, dass die Hälfte der Bevölkerung Papiertaschentücher benutzt und eine Großpackung für 4 Personen 2 Wochen lang reicht.

d) Berechne die Höhe dieses Stapels in km, wenn die Päckchen mit der größten Fläche nach unten gestapelt werden.

Bei einer Umfrage nach dem wöchentlichen Verbrauch an Papiertaschentüchern ergaben sich abhängig vom Alter folgende Ergebnisse:

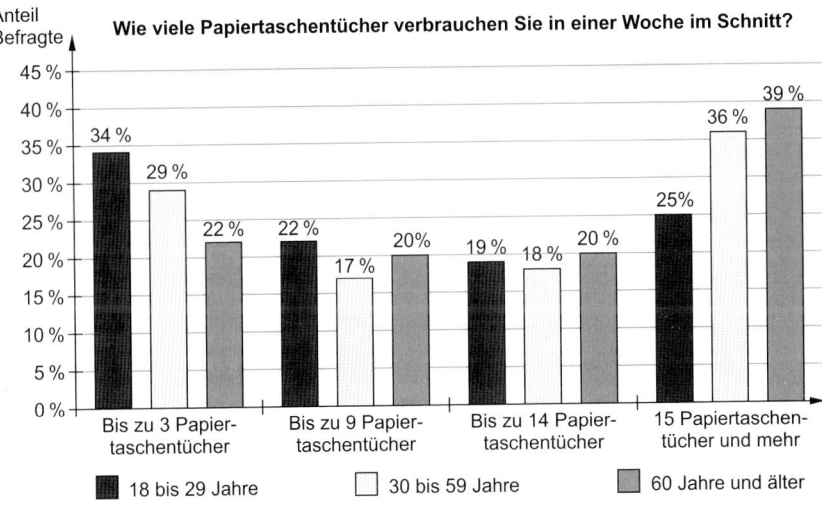

© Statista 2023

e) Beurteile anhand der Abbildung die folgenden Aussagen:

(1) Der Anteil der Befragten, die höchstens 3 Papiertaschentücher verbrauchen, nimmt mit dem Alter ab.

(2) Der Anteil der Befragten, die höchstens 14 Papiertaschentücher verbrauchen, ist vom Alter nahezu unabhängig.

(3) Die meisten der über 60-Jährigen verbrauchen mehr als 14 Papiertaschentücher.

(4) In der Gruppe der Befragten, die 18 bis 29 Jahre alt sind, verbraucht jeder zweite höchstens 3 Papiertaschentücher.

Im Jahr 2022 hat ein bestimmter Hersteller von Papiertaschentüchern einen Umsatz von 39 Millionen Euro gemacht. Er rechnet damit, dass er seinen Umsatz im Jahr 2023 um 3 % steigern kann. Für das Jahr 2027 rechnet er mit einem Umsatz von 45,21 Millionen Euro.

f) Berechne, welcher Umsatz 2023 erwartet wird.

g) Beurteile, ob bei der Prognose für 2027 von einem linearen oder exponentiellen Wachstum ausgegangen wird.

Teilaufgabe 1 a

Für eine Exponentialfunktion benötigst du den Anfangswert und den Wachstumsfaktor.

Für eine lineare Funktion benötigst du den Anfangswert und die Steigung. Achte darauf, dass die Einheiten stets gleich sind.

Setze für die Variable die passenden Zahlen ein, um den jeweiligen Funktionswert zu berechnen.

Teilaufgabe 1 b

Du kannst mit den beiden Funktionen z. B. die Höhe nach zwei Monaten ausrechnen und die Ergebnisse interpretieren.

Teilaufgabe 1 c

Übersetze die vom Versanddienstleister genannten Bedingungen in entsprechende Ungleichungen.

Überlege, welche Bedingungen die Gärtnerei an die Höhe, Breite und Länge des Kartons stellt.

Du erhältst so eine Ungleichung, in der nur die Variable b auftaucht. Löse diese nach b auf.

Fertige eine beschriftete Skizze an.

Teilaufgabe 1 d

Die Maße der Töpfe sind im Text angegeben, Breite und Höhe des Kartons hast du in Teilaufgabe c berechnet.

Überlege nun, wie viele Töpfe auf der Grundfläche nebeneinander Platz haben.

Teilaufgabe 1 e

Verwende die Funktionen aus Teilaufgabe a. Achte auf den korrekten Gebrauch der Einheiten.

Mache dir noch einmal deutlich, welche Höhe die Pflanzen höchstens haben dürfen.

Die Exponentialgleichung kannst du durch Logarithmieren lösen. Du kannst aber auch gezielt probieren und dabei die Höhe nach 10 Tagen aus Teilaufgabe a verwenden.

Teilaufgabe 2a

Beachte, dass die Einheit der Dichte als Gramm pro Liter gelesen werden kann.

Verwende zur Volumenberechnung den Dreisatz. Achte dabei auf die korrekte Umrechnung der Volumeneinheiten.

Die Formel für das Kugelvolumen kannst du der Formelsammlung entnehmen.

Beachte, dass nicht der Radius, sondern der Durchmesser der Kugel gesucht ist.

Teilaufgabe 2b

Das Volumen V hast du in Teilaufgabe a berechnet.

Verwende die Formel für das Volumen V eines Würfels und löse die Gleichung nach der Kantenlänge a auf.

Teilaufgabe 2c

Du kannst allgemein argumentieren: Welcher mathematische Zusammenhang besteht zwischen dem Gewicht und dem Volumen einerseits und dem Volumen und dem Radius andererseits?

Es ist aufwendig, aber du kannst die Rechnung auch noch einmal für das neue Gewicht wiederholen.

Teilaufgabe 2d

Die Bedeutung der Ziffer 0 ist auf dem Rubbellos erläutert. Für den tatsächlichen Rabatt kommt es also nur auf die Ziffern 1 bis 5 an.

Teilaufgabe 2e

Beim Baumdiagramm musst du nur zwischen den Ereignissen „0" und „keine 0" unterscheiden. Berechne hierfür die Wahrscheinlichkeiten.

Markiere im Baumdiagramm die Pfade, die zum Ereignis „kein Rabatt" gehören. Verwende zur Berechnung die Pfadregeln.

Teilaufgabe 2f

Überlege zunächst, wie hoch der Rabatt sein muss.

Für die Berechnung der Wahrscheinlichkeit ermittelst du die Anzahl aller Möglichkeiten und die Anzahl der günstigen Möglichkeiten.

Alternativ kannst du auch wie in Teilaufgabe e ein Baumdiagramm erstellen.

Die berechnete Wahrscheinlichkeit lässt sich als relative Häufigkeit interpretieren.

Teilaufgabe 3 a

Falte in Gedanken ein Taschentuch so, dass es in die Packung passt, zunächst in Längsrichtung, dann in der Breite.

Berücksichtige dann nacheinander, aus wie vielen Lagen Papier ein Taschentuch besteht und wie viele Taschentücher in einer Packung vorhanden sind.

Vergleiche am Ende die Anzahl der Lagen mit der aufgedruckten Höhe.

Achte auf die korrekte Umrechnung der Längeneinheiten.

Teilaufgabe 3 b

Du benötigst Informationen über die Anzahl der Papiertaschentücher in einer Großpackung.

Um den Inhalt der Fläche zu berechnen, musst du wissen, wie viele Lagen insgesamt zur Verfügung stehen und welche Fläche eine einzelne Lage bedeckt.

Achte wieder auf die korrekte Umrechnung der Einheiten.

Teilaufgabe 3 c

Rechne zunächst die Anzahl der Personen aus, die Papiertaschentücher nutzen.

Der Bedarf ist für 2 Wochen angegeben, ein Jahr hat aber etwa 52 Wochen.

Nutze die Information, wie viele Päckchen in einer Großpackung enthalten sind.

Teilaufgabe 3 d

Beachte, wie die Päckchen gestapelt werden.

Teilaufgabe 3 e

Zu einer Beurteilung der Aussagen gehört auch eine passende Begründung.

Beachte die Reihenfolge der Argumente. Bei den ersten beiden Aussagen wird vom Taschentücherverbrauch ausgegangen. Bei den letzten beiden Aussagen wird vom Alter der Befragten ausgegangen.

Teilaufgabe 3 f

Berechne zunächst mit dem angegebenen Prozentsatz die Zunahme und dann den Wert für 2023.

Alternativ kannst du auch zunächst den Wachstumsfaktor berechnen und damit direkt den Umsatz für 2023.

Teilaufgabe 3 g

Verwende den angegebenen Prozentsatz, um auch für 2027 den erwarteten Umsatz zu berechnen. Überlege dazu zunächst die Anzahl der Jahreszeiträume.

Führe die Rechnungen für lineares und exponentielles Wachstum durch und vergleiche die Ergebnisse mit dem angegebenen Wert.

Aufgabe 1

a) Zu Beginn haben die Setzlinge eine Höhe von 30 cm, also ist in beiden Fällen der Anfangswert 30.

Alte Sorte:

Zu der vorhandenen Höhe (entsprechend 100 %) kommen täglich 20 % hinzu, sodass einen Tag später 120 % der vorherigen Höhe vorhanden sind. Der Wachstumsfaktor beträgt also 120 % = 1,2. Für die Höhe $f(x)$ in cm in Abhängigkeit von der Zeit x in Tagen gilt dann:

$f(x) = 30 \cdot 1,2^x$

Neue Sorte:

Zu der vorhandenen Höhe kommen täglich 15 cm hinzu, es handelt sich also um ein lineares Wachstum. Für die Höhe $g(x)$ in cm in Abhängigkeit von der Zeit x in Tagen gilt dann:

$g(x) = 30 + 15 \cdot x$

Um die Höhe nach 5 bzw. 10 Tagen zu berechnen, wird der entsprechende Wert für x eingesetzt und der Funktionswert berechnet.

Nach 5 Tagen:

$f(5) = 30 \cdot 1,2^5 \approx 75$

$g(5) = 30 + 15 \cdot 5 = 105$

Nach 10 Tagen:

$f(10) = 30 \cdot 1,2^{10} \approx 186$

$g(10) = 30 + 15 \cdot 10 = 180$

Die alte Sorte ist nach 5 Tagen etwa 75 cm hoch und nach 10 Tagen ca. 186 cm. Die neue Sorte ist nach 5 Tagen 105 cm und nach 10 Tagen 180 cm hoch.

b) Nach z. B. 2 Monaten liefern die Funktionsterme sehr hohe Werte für die Höhe. Die Hopfenpflanzen wachsen aber nicht unbegrenzt weiter. Sie erreichen nach einer bestimmten Zeit eine endgültige Höhe. Ein Grund dafür ist der Wasser- und Nährstoffbedarf.

c) Für den Zusammenhang zwischen der Höhe h, der Breite b und der Länge ℓ des Kartons gilt:

$h \leq 2\,\text{m}$

$h + 2 \cdot b + 2 \cdot \ell \leq 3{,}6\,\text{m}$

Es werden Kartons mit quadratischer Grundfläche ausgewählt, d. h., die Breite b ist so groß wie die Länge ℓ.

$h \leq 2\,\text{m}$

$h + 2 \cdot b + 2 \cdot b = h + 4 \cdot b \leq 3{,}6\,\text{m}$

Die Höhe der Pflanzen soll möglichst groß sein, also muss die Höhe h des Kartons möglichst groß sein, d. h., der Karton hat eine Höhe von 2 m.

$2\,\text{m} + 4 \cdot b \leq 3{,}6\,\text{m}$

Die Ungleichung wird nach b aufgelöst:

$2\,\text{m} + 4 \cdot b \leq 3{,}6\,\text{m}$

$\qquad 4 \cdot b \leq 1{,}6\,\text{m}$

$\qquad\quad b \leq 0{,}4\,\text{m}$

Die Gärtnerei wählt Kartons aus, die 2 m hoch, 40 cm breit und 40 cm lang sind.

d) Breite b und Länge ℓ der Grundfläche sind jeweils 40 cm lang. Der Topf hat eine Kantenlänge von 10 cm. Somit passen 4 Töpfe in einer Reihe nebeneinander. Auf der Grundfläche haben 4 Reihen Platz. Somit beträgt die Bestellmenge 16 Stück, damit die Grundfläche vollständig mit Töpfen besetzt ist.

e) Der Versand der Pflanzen muss spätestens dann erfolgen, wenn die Höhe der Pflanze 2 m erreicht hat, da der Karton genau diese Höhe besitzt (siehe Abbildung in Teilaufgabe c).

Mit den Funktionen aus Teilaufgabe a ergibt sich dann:

Alte Sorte:

$f(x) = 30 \cdot 1{,}2^x = 200 \qquad\qquad |:30$

$\qquad\qquad 1{,}2^x = \dfrac{20}{3} \qquad\qquad\quad |\lg$

$\qquad\quad \lg(1{,}2^x) = \lg\!\left(\dfrac{20}{3}\right)$

$\qquad\quad x \cdot \lg(1{,}2) = \lg\!\left(\dfrac{20}{3}\right)$

$\qquad\qquad\qquad x = \dfrac{\lg\!\left(\dfrac{20}{3}\right)}{\lg(1{,}2)} \approx 10{,}4$

Alternative Lösung:

In Teilaufgabe a wurde berechnet, dass die Pflanze nach 10 Tagen eine Höhe von 1,86 m erreicht hat. Es muss überprüft werden, ob nach 11 Tagen die Höhe größer ist als 2 m.

$f(11) = 30 \cdot 1,2^{11} \approx 223$

Die Pflanzen der alten Sorte müssen also spätestens nach 10 Tagen versendet werden.

Neue Sorte:

$$g(x) = 30 + 15 \cdot x = 200 \qquad |-30$$
$$15x = 170 \qquad |:15$$
$$x \approx 11,3$$

Die Pflanzen der neuen Sorte müssen spätestens nach 11 Tagen versendet werden.

Aufgabe 2

a) Es geht um die Einsparung von einer Tonne CO_2. Die Angabe der Dichte bedeutet, dass 1,977 g ein Volumen von 1 ℓ einnehmen.

Berechnung des Volumens V, das zu einer Tonne CO_2 gehört:

$1\,t = 1\,000\,kg = 1\,000\,000\,g$

$$1,977\,g \; \stackrel{\wedge}{=} \; 1\,\ell$$

$$1\,g \; \stackrel{\wedge}{=} \; \frac{1}{1,977}\,\ell$$

$$1\,000\,000\,g \; \stackrel{\wedge}{=} \; \frac{1}{1,977} \cdot 1\,000\,000\,\ell \approx 505\,817\,\ell = 505\,817\,dm^3 = 505,817\,m^3 = V$$

Für das Volumen einer Kugel V gilt:

$$V = \frac{4}{3} \cdot \pi \cdot r^3$$

Für V wird der errechnete Wert eingesetzt. Dann wird die Gleichung nach r aufgelöst.

$$V = \frac{4}{3} \cdot \pi \cdot r^3 = 505,817\,m^3 \qquad \left|:\left(\frac{4}{3} \cdot \pi\right)\right.$$

$$r^3 = \frac{505,817\,m^3}{\frac{4}{3} \cdot \pi} \approx 120,8\,m^3 \qquad |\sqrt[3]{}$$

$$r = \sqrt[3]{120,8\,m^3} \approx 4,94\,m$$

Alternative Lösung:
Die Formel für das Volumen der Kugel wird zunächst allgemein nach r aufgelöst, dann wird der Wert für das Volumen eingesetzt.

$$V = \frac{4}{3} \cdot \pi \cdot r^3 \qquad \left| : \left(\frac{4}{3} \cdot \pi \right) \right.$$

$$r = \frac{V \cdot 3}{4 \cdot \pi} \qquad \left| \sqrt[3]{} \right.$$

$$r = \sqrt[3]{\frac{V \cdot 3}{4 \cdot \pi}}$$

$$r = \sqrt[3]{\frac{505{,}817 \text{ m}^3 \cdot 3}{4 \cdot \pi}} \approx 4{,}94 \text{ m}$$

Damit gilt für den Durchmesser:
d = 2r = 9,88 m

Der Durchmesser der Kugel beträgt knapp 10 m.

b) Für das Volumen V eines Würfels mit der Kantenlänge a gilt $V = a^3$.

Auflösen nach a und Einsetzen des Wertes für V ergibt:

$$V = a^3 \qquad \left| \sqrt[3]{} \right.$$

$$a = \sqrt[3]{V}$$

$$a = \sqrt[3]{505{,}817 \text{ m}^3} \approx 7{,}97 \text{ m}$$

Der Würfel hätte eine Kantenlänge von knapp 8 m.

c) Eine Einsparung von 500 kg CO_2 bedeutet, dass das Gewicht halbiert wurde. Aufgrund der konstanten Dichte ist auch das Volumen halb so groß. Die Formel für das Kugelvolumen sagt aus, dass V nicht proportional zu r, sondern zu r^3 ist. Der Radius und damit der Durchmesser der Kugel ist somit zwar etwas kleiner, aber nicht halb so groß.
Wenn der Betreiber mit „nur halb so groß" das Volumen meint, hat er recht, meint er damit den Durchmesser, hat er unrecht.

Alternative Lösung:
Die konkrete Rechnung aus Teilaufgabe a wird für ein Gewicht von 500 kg CO_2 wiederholt.

500 kg = 500 000 g

$$1{,}977 \text{ g} \;\,\hat{=}\; 1 \,\ell$$

$$1 \text{ g} \;\,\hat{=}\; \frac{1}{1{,}977} \,\ell$$

$$500\,000 \text{ g} \;\,\hat{=}\; \frac{1}{1{,}977} \cdot 500\,000 \,\ell \approx 252\,908 \,\ell = 252\,908 \text{ dm}^3 = 252{,}908 \text{ m}^3 = V$$

In der Formel für das Kugelvolumen wird für V der errechnete Wert eingesetzt. Dann wird die Gleichung nach r aufgelöst.

$$V = \frac{4}{3} \cdot \pi \cdot r^3 = 252{,}908 \text{ m}^3 \qquad \left| : \left(\frac{4}{3} \cdot \pi\right)\right.$$

$$r^3 = \frac{252{,}908 \text{ m}^3}{\frac{4}{3} \cdot \pi} \approx 60{,}4 \text{ m}^3 \qquad \left| \sqrt[3]{}\right.$$

$$r = \sqrt[3]{60{,}4 \text{ m}^3} \approx 3{,}92 \text{ m}$$

$$d = 2r = 7{,}84 \text{ m}$$

Der Durchmesser der Kugel beträgt knapp 8 m.

d) Zeigen beide Felder die kleinste der möglichen Ziffern ohne die 0, also die 1, beträgt der Rabatt 11 %. Dies ist der kleinstmögliche Rabatt.
Zeigen beide Felder die größte der angegebenen Ziffern, also die 5, beträgt der Rabatt 55 %. Ein größerer Rabatt ist hier nicht möglich.

e) Bei jedem Feld sind sechs Ziffern möglich, also beträgt die Wahrscheinlichkeit für das Auftreten einer bestimmten Ziffer $\frac{1}{6}$.
Zeigt das linke Feld eine 0, gibt es keinen Rabatt, die Ziffer im rechten Feld ist dann bedeutungslos.
Mithilfe der Pfadregeln gilt:

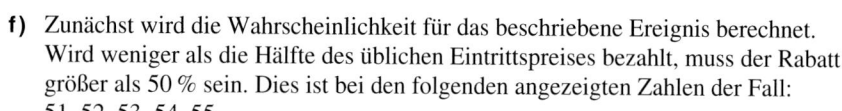

$$P(\text{kein Rabatt}) = \frac{1}{6} + \frac{5}{6} \cdot \frac{1}{6} = \frac{6}{36} + \frac{5}{36} = \frac{11}{36} \approx 0{,}306 = 30{,}6 \text{ %}$$

f) Zunächst wird die Wahrscheinlichkeit für das beschriebene Ereignis berechnet. Wird weniger als die Hälfte des üblichen Eintrittspreises bezahlt, muss der Rabatt größer als 50 % sein. Dies ist bei den folgenden angezeigten Zahlen der Fall:
51, 52, 53, 54, 55

Insgesamt sind beim Rubbeln $6 \cdot 6 = 36$ verschiedene Zahlenkombinationen möglich. Damit gilt für die Wahrscheinlichkeit:

$$P(51; 52; 53; 54; 55) = \frac{5}{36}$$

Alternative Lösung:
Die Wahrscheinlichkeit für einen Rabatt, der größer als 50 % ist, kann auch wie in Teilaufgabe e mit einem Baumdiagramm berechnet werden.

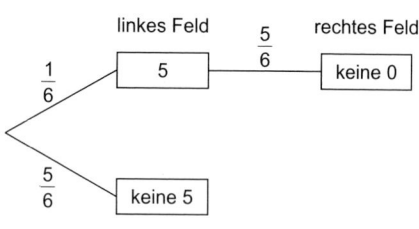

$$P(51; 52; 53; 54; 55) = \frac{1}{6} \cdot \frac{5}{6} = \frac{5}{36}$$

Bei 20 000 Besucherinnen und Besuchern kann die Wahrscheinlichkeit als relative Häufigkeit interpretiert werden. Für die Anzahl n der Besucherinnen und Besucher, die weniger als die Hälfte des üblichen Eintrittspreises zahlen müssen, gilt dann:

$$n = 20\,000 \cdot \frac{5}{36} \approx 2\,778$$

Aufgabe 3

a) Ein Taschentuch ist 21 cm lang und 21 cm breit.
   21 cm : 10,5 cm = 2
   21 cm : 5,25 cm = 4
   2 · 4 = 8
   Das Taschentuch ist so gefaltet, dass 8 Teile übereinander liegen.

   Ein Taschentuch besteht aus 4 Lagen.
   4 · 8 = 32
   Bei einem Taschentuch in der Packung liegen also 32 Lagen Papier übereinander.

   In einer Packung befinden sich 10 Taschentücher übereinander.
   10 · 32 = 320
   Somit liegen in einer Packung 320 Lagen Papier übereinander. Diese sind laut Aufdruck 1,3 cm hoch.
   1,3 cm : 320 ≈ 0,004 cm = 0,04 mm
   Jede Lage ist 0,04 mm dick.

b) 18 · 10 = 180
   In einer Großpackung sind 180 Taschentücher enthalten. Laut Aufdruck besteht jedes Taschentuch aus 4 Lagen Papier.
   180 · 4 = 720
   Eine Großpackung enthält also 720 einzelne Lagen.

   Zunächst wird die Fläche einer Lage berechnet:
   21 cm · 21 cm = 441 cm^2

   Für die Fläche von 720 Lagen gilt daher:
   720 · 441 cm^2 = 317 520 cm^2 = 31,752 m^2
   Mit den Lagen aus einer Großpackung kann man eine Fläche von knapp 32 m^2 bedecken.

c) 82 000 000 : 2 = 41 000 000
   41 Millionen Menschen in Deutschland benutzen Papiertaschentücher.

   41 000 000 : 4 = 10 250 000
   Für 2 Wochen werden 10 250 000 Großpackungen benötigt.

Ein Jahr umfasst ca. 52 Wochen.
52 : 2 = 26
26 · 10 250 000 = 266 500 000
In Deutschland werden in einem Jahr etwa 266 500 000 Großpackungen benötigt.
Eine Großpackung enthält 18 Päckchen.
18 · 266 500 000 = 4 797 000 000 ≈ 5 000 000 000
In einem Jahr werden in Deutschland knapp 5 Milliarden Päckchen Papiertaschentücher benötigt.

d) Ein Päckchen hat eine Dicke von 1,3 cm. Dies entspricht der Höhe, wenn das
Päckchen mit der größten Fläche nach unten hingelegt wird.
4 797 000 000 · 1,3 cm = 6 236 100 000 cm = 62 361 000 m = 62 361 km
Der Stapel hätte eine Höhe von gut 62 000 km.

e) (1) Die Aussage ist richtig.
Die Höhe der ersten drei Säulen nimmt mit dem Alter ab.

(2) Die Aussage ist richtig.
Die Höhe der drei Säulen ist nahezu gleich, die Schwankungen
(19 % − 18 % − 20 %) sind sehr gering.

(3) Die Aussage ist falsch.
Zwar ist die zugehörige Säule in dieser Altersgruppe am höchsten, der
Prozentsatz beträgt aber nur 39 %.

(4) Die Aussage ist falsch.
Die Höhe der Säule zeigt, dass mit 34 % nur etwa jeder Dritte höchstens
3 Papiertaschentücher verbraucht.

f) 39 Mio € · 3 % = 39 Mio € · 0,03 = 1,17 Mio €
39 Mio € + 1,17 Mio € = 40,17 Mio €

Alternative Lösung:
Bei 3 % = 0,03 beträgt der Wachstumsfaktor 1 + 0,03 = 1,03.
39 Mio € · 1,03 = 40,17 Mio €

g) Lineares Wachstum:
In Teilaufgabe f wurde ein jährlicher Zuwachs von 1,17 Mio € berechnet.
Damit ergibt sich für 2027, also 5 Jahre später, ein Wert von:
39 Mio € + 5 · 1,17 Mio € = 44,85 Mio €

Exponentielles Wachstum:
Bei 3 % = 0,03 beträgt der Wachstumsfaktor 1 + 0,03 = 1,03.
39 Mio € · $1,03^5$ ≈ 45,21 Mio €

Der Hersteller geht bei seiner Prognose für 2027 also von exponentiellem
Wachstum aus.

PRÜFUNGSAUFGABEN

Prüfungsteil I

Aufgabe 1

Ordne die Zahlen der Größe nach. Beginne mit der kleinsten Zahl.

$$\frac{6}{10} \qquad -0,626 \qquad -6,26 \qquad \frac{1}{6}$$

Aufgabe 2

Ein Rechteck hat die Seitenlängen a = 5 cm und b = 3 cm.

a) Berechne die Länge der Diagonalen d.

b) Wie verändert sich der Flächeninhalt dieses Rechtecks, wenn man jede Seitenlänge verdoppelt? Begründe.

c) Ein anderes Rechteck hat einen Flächeninhalt von 24 cm². Wie lang könnten die Seiten sein? Gib zwei unterschiedliche Möglichkeiten an.

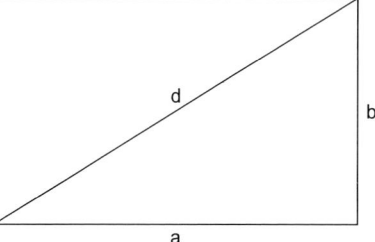

Aufgabe 3

Isabelle zeichnet mit einer Geometriesoftware den Graphen f einer quadratischen Funktion mit: $f(x) = x^2 + c$. Sie erstellt einen Schieberegler, mit dem sie den Wert für c verändern kann.

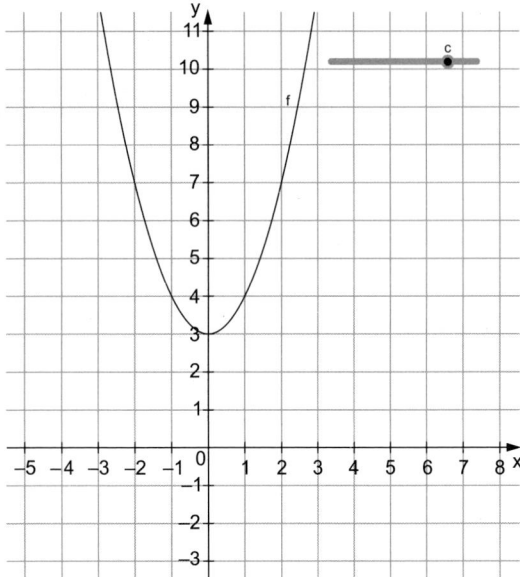

a) Der Schieberegler zeigt den Wert für c nicht an.
Gib den Wert für c an.

b) Für welche Werte von c verläuft der Graph f vollständig oberhalb der x-Achse?
Gib den Bereich für c an.

Aufgabe 4

Tarek plant Urlaub in einer Jugendherberge. Mit einer Tabellenkalkulation berechnet er die Kosten für die Jugendherberge.

	A	B	C
1	Kosten für die Jugendherberge		
2	Anzahl der Nächte	7	
3			
4		Preis pro Nacht in €	Preis für 7 Nächte in €
5	Übernachtung	18,00	126,00
6	Frühstück	4,00	28,00
7	Abendessen	6,00	42,00
8	Tourismussteuer (5 % vom Übernachtungspreis)	0,90	6,30
9			
10	Gesamtkosten in €		202,30

Abbildung: Tabellenblatt zur Berechnung der Kosten für die Jugendherberge

a) Kreuze jeweils an, ob die Formel in diesem Zusammenhang geeignet ist, den Wert in Zelle C8 zu berechnen.

Formel	geeignet	nicht geeignet
= B5 / 3	☐	☐
= B8 * B2	☐	☐
= C10 − (C5 + C6 + C7)	☐	☐

b) Tarek möchte Geld sparen und deshalb kein Abendessen buchen. Berechne, wie viel Prozent von den Gesamtkosten er dann spart.

Aufgabe 5

Löse das lineare Gleichungssystem. Notiere deinen Lösungsweg.

I $\quad 4x + y = 16$

II $\quad -2x - 2y = 4$

Aufgabe 1

Dezimalzahlen lassen sich einfacher vergleichen als Bruchzahlen. Wandle deswegen zunächst die beiden Bruchzahlen in Dezimalzahlen um.

Achte auf die Bedeutung der Stellen: Einer, Zehntel, Hundertstel ...

Es ist hilfreich, sich die Lage der Zahlen an einer Zahlengeraden oder auch am Geodreieck vorzustellen.

Denke daran, mit der kleinsten Zahl zu beginnen, und verwende dann die Relation < zwischen den Zahlen.

Teilaufgabe 2 a

Die Diagonale teilt das Rechteck in zwei zueinander kongruente rechtwinklige Dreiecke: Du kannst den Satz des Pythagoras anwenden.

Runde das Ergebnis sinnvoll, d. h. hier auf eine Nachkommastelle.

Teilaufgabe 2 b

Es wird keine allgemeine Begründung verlangt. Die Frage soll anhand des vorgegebenen Rechtecks beantwortet werden.

Somit kannst du die Flächeninhalte der Rechtecke mithilfe der vorgegebenen Seitenlängen berechnen.

Teilaufgabe 2 c

Es genügt, die Lösungen anzugeben. Eine Begründung wird nicht erwartet.

Verwende die Formel für den Flächeninhalt eines Rechtecks.

Suche also jeweils zwei Zahlen, deren Produkt 24 ergibt.

Die Seitenlängen müssen nicht ganzzahlig sein.

Teilaufgabe 3 a

Der Wert für c gibt die Verschiebung der Normalparabel in y-Richtung an.

Die Normalparabel ist der Graph der Funktion $f(x) = x^2$.

Du kannst in der Zeichnung ablesen, um wie viele Einheiten die Normalparabel nach oben verschoben wurde.

Es genügt, diesen Wert für c anzugeben.

Teilaufgabe 3 b

Es kann hilfreich sein, die Normalparabel in der Zeichnung zu skizzieren.

Lies den Text genau: Der Graph f soll vollständig oberhalb der x-Achse liegen.

Verwende zunächst Zahlenbeispiele für c.

Gib dann ohne Begründung den Bereich an, den die Werte für c annehmen müssen.

Teilaufgabe 4 a

Der Wert in Zelle C8 gibt die Tourismussteuer für den gesamten Urlaub an.

Es ist nicht deine Aufgabe, diese zu berechnen, sondern vorgegebene Formeln auf deren Eignung zu überprüfen.

Überlege, welche Beträge durch die drei angegebenen Formeln jeweils berechnet werden.

Teilaufgabe 4 b

Der Tabelle kannst du den eingesparten Betrag in € für das Abendessen entnehmen.

Berechne, welchen Anteil die Kosten für das Abendessen an den Gesamtkosten ausmachen.

Rechne diesen Anteil in % um und runde sinnvoll.

Aufgabe 5

Du kennst mit dem Additionsverfahren, dem Gleichsetzungsverfahren und dem Einsetzungsverfahren drei mögliche Lösungsverfahren. Wähle eines von diesen aus.

Es wird erwartet, dass du deinen Lösungsweg notierst.

Aufgabe 1

Alle angegebenen Zahlen werden zunächst als Dezimalzahlen dargestellt:

$$\frac{6}{10} = 0,6$$

$$\frac{1}{6} = 1:6 = 0,1\overline{6}$$

Es ergibt sich:

$$-6,26 < -0,626 < 0,1\overline{6} < 0,6$$

Damit folgt:

$$-6,26 < -0,626 < \frac{1}{6} < \frac{6}{10}$$

Aufgabe 2

a) In dem rechtwinkligen Dreieck ist die Diagonale d des Rechtecks die Hypotenuse, die beiden Seiten a und b des Rechtecks bilden die Katheten. Mit dem Satz des Pythagoras folgt:

$$a^2 + b^2 = d^2$$

Die gegebenen Werte werden eingesetzt:

$$(5\,\text{cm})^2 + (3\,\text{cm})^2 = d^2 \quad \Rightarrow \quad d = \sqrt{(5\,\text{cm})^2 + (3\,\text{cm})^2} = \sqrt{34\,\text{cm}^2} \approx 5,83\,\text{cm}$$

b) Zunächst wird der Flächeninhalt A des gegebenen Rechtecks berechnet:

$$A = a \cdot b = 5\,\text{cm} \cdot 3\,\text{cm} = 15\,\text{cm}^2$$

Wenn jede Seitenlänge verdoppelt wird, hat das neue Rechteck die Seitenlängen $a_{neu} = 5\,\text{cm} \cdot 2 = 10\,\text{cm}$ und $b_{neu} = 3\,\text{cm} \cdot 2 = 6\,\text{cm}$.

Für den Flächeninhalt A_{neu} des neuen Rechtecks gilt dann:

$$A_{neu} = 10\,\text{cm} \cdot 6\,\text{cm} = 60\,\text{cm}^2$$

Die beiden Flächeninhalte werden miteinander verglichen:

$$A_{neu} : A = 60\,\text{cm}^2 : 15\,\text{cm}^2 = 4$$

Wenn jede Seitenlänge des Rechtecks verdoppelt wird, vervierfacht sich der Flächeninhalt.

> **TIPP** Diese Aussage gilt generell, wie folgende Überlegung zeigt.
> Rechteck mit den Seitenlängen a und b: $A = a \cdot b$
> Rechteck mit den Seitenlängen $2 \cdot a$ und $2 \cdot b$: $A_{neu} = (2 \cdot a) \cdot (2 \cdot b) = 4 \cdot a \cdot b = 4 \cdot A$

c) Mögliche Lösungen:
$a = 3$ cm und $b = 8$ cm
$a = 4$ cm und $b = 6$ cm

> **TIPP** Weitere Lösungen sind z. B.: $a = 1$ cm und $b = 24$ cm; $a = 2$ cm und $b = 12$ cm; $a = 0,5$ cm und $b = 48$ cm

Aufgabe 3

a) Es gilt $c = 3$.

> **TIPP** Der gegebene Graph f entsteht durch Verschiebung der Normalparabel um drei Einheiten nach oben.

b) Es gilt $c > 0$.

> **TIPP** Für jedes $c > 0$ wird die Normalparabel um c Einheiten nach oben verschoben, sodass der Graph f vollständig oberhalb der x-Achse verläuft.

Aufgabe 4

a) Formel „= **B5 /3**"
Hiermit wird der dritte Teil der Kosten für eine Übernachtung berechnet, nicht aber 5 %.

Formel „= **B8 *B2**"
Hiermit wird die Tourismussteuer für eine Nacht mit der Anzahl der Nächte multipliziert.

Formel „= **C10 – (C5 + C6 + C7)**"
Hiermit wird zwar die Höhe der Tourismussteuer berechnet, andererseits wird aber für die Berechnung der Gesamtkosten die Höhe der Tourismussteuer benötigt.

Damit ergibt sich folgende Lösung:

Formel	geeignet	nicht geeignet
= B5 / 3	☐	☒
= B8 * B2	☒	☐
= C10 – (C5 + C6 + C7)	☐	☒

b) Der Tabelle kann man entnehmen, dass die Kosten für das Abendessen 42 € betragen.
Die Gesamtkosten betragen 202,30 €.

Der Anteil der Kosten für das Abendessen an den Gesamtkosten beträgt somit:

$$\frac{42\,€}{202,30\,€} \approx 0,21 = \frac{21}{100} = 21\,\%$$

Die Ersparnis beträgt etwa 21 %.

Alternative Lösung:
Es wird zunächst der Gesamtpreis für einen Tag berechnet. Er beträgt:
$18\,€ + 4\,€ + 6\,€ + 0,90\,€ = 28,90\,€$
Die Kosten für ein Abendessen betragen $6\,€$.

Damit ergibt sich entsprechend für den Anteil:

$$\frac{6\,€}{28,90\,€} \approx 0,21 = \frac{21}{100} = 21\,\%$$

Aufgabe 5

Es ist naheliegend, das Additionsverfahren zu verwenden, da sich bei der Multiplikation der ersten bzw. der zweiten Gleichung mit 2 bei der anschließenden Addition Terme teilweise aufheben.

Möglichkeit 1: Additionsverfahren

$$\begin{array}{lll} \text{I} & 4x + y = 16 & \\ \text{II} & -2x - 2y = 4 & |\cdot 2 \end{array}$$

$$\begin{array}{lll} \text{I} & 4x + y = 16 & \\ \text{II} & -4x - 4y = 8 & \end{array}$$

$$\begin{array}{lll} \text{I} + \text{II} & -3y = 24 & |:(-3) \\ & y = -8 \end{array}$$

Einsetzen in I:
$$\begin{array}{ll} 4x + (-8) = 16 & \\ 4x - 8 = 16 & |+8 \\ 4x = 24 & |:4 \\ x = 6 \end{array}$$

Möglichkeit 2: Additionsverfahren

$$\begin{array}{lll} \text{I} & 4x + y = 16 & |\cdot 2 \\ \text{II} & -2x - 2y = 4 & \end{array}$$

$$\begin{array}{lll} \text{I} & 8x + 2y = 32 & \\ \text{II} & -2x - 2y = 4 & \end{array}$$

$$\begin{array}{lll} \text{I} + \text{II} & 6x = 36 & |:6 \\ & x = 6 \end{array}$$

Einsetzen in I:
$$\begin{array}{ll} 4 \cdot 6 + y = 16 & \\ 24 + y = 16 & |-24 \\ y = -8 \end{array}$$

Alternative Lösung: Gleichsetzungsverfahren
Beide Gleichungen werden nach ein und derselben Variablen aufgelöst. Die entstehenden Terme werden gleichgesetzt.

$$\begin{array}{lll} \text{I} & 4x + y = 16 & |-4x \\ & y = 16 - 4x & * \end{array}$$

$$\begin{array}{lll} \text{II} & -2x - 2y = 4 & |+2x \\ & -2y = 4 + 2x & |:(-2) \\ & y = -2 - x \end{array}$$

Gleichsetzen der beiden Terme:

$$16 - 4x = -2 - x \quad | + x$$
$$16 - 3x = -2 \quad | - 16$$
$$-3x = -18 \quad | : (-3)$$
$$x = 6$$

Einsetzen in *:
$$y = 16 - 4 \cdot 6 = 16 - 24 = -8$$

Alternative Lösung: Einsetzungsverfahren
Eine Gleichung wird nach einer Variablen aufgelöst, in der zweiten Gleichung wird diese Variable durch den entstandenen Term ersetzt.

$$\text{I} \quad 4x + y = 16 \quad | - 4x$$
$$y = 16 - 4x \quad *$$

Einsetzen in Gleichung II:

$$\text{II} \quad -2x - 2(16 - 4x) = 4$$
$$-2x - 32 + 8x = 4$$
$$6x - 32 = 4 \quad | + 32$$
$$6x = 36 \quad | : 6$$
$$x = 6$$

Einsetzen in *:
$$y = 16 - 4 \cdot 6 = 16 - 24 = -8$$

Aufgabe 1: Kaugummiautomat

Steffi hat zum Geburtstag einen Kaugummiautomaten und eine Tüte mit Kaugummikugeln bekommen (Abbildung 1).

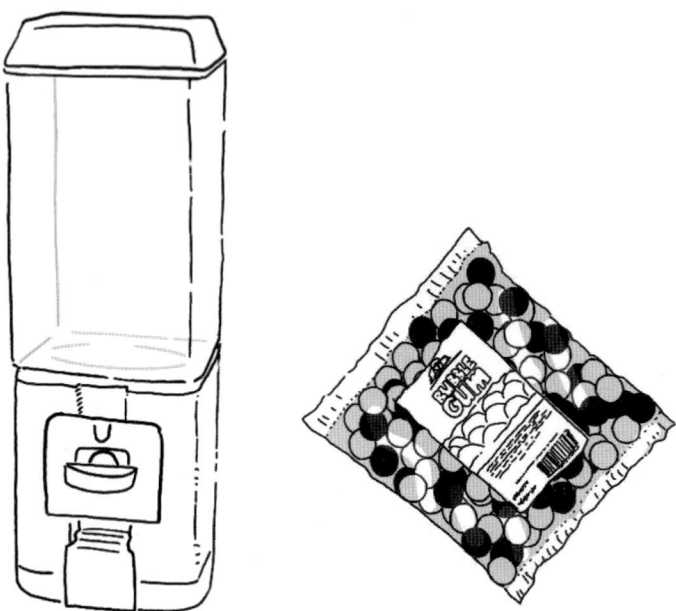

Abbildung 1: Kaugummiautomat und Tüte mit Kaugummikugeln

a) Eine Kaugummikugel hat einen Durchmesser von 14 mm.
   Bestätige durch eine Rechnung, dass das Volumen einer Kaugummikugel
   ca. 1,44 cm^3 beträgt.

b) Der Behälter für die Kaugummikugeln ist 16,5 cm breit, 16,5 cm tief und 42,5 cm
   hoch. Steffi möchte wissen, wie viele Kaugummikugeln in den Behälter passen,
   und rechnet $(16{,}5 \cdot 16{,}5 \cdot 42{,}5) : 1{,}44 \approx 8\,035$.
   Erkläre Steffis Rechnung und beurteile, ob Steffis Rechnung geeignet ist, die Anzahl der Kaugummikugeln in der Realität zu berechnen.

Steffi füllt eine Mischung aus 8 roten und 12 weißen Kaugummikugeln in den Automaten. Durch Drehen am Automaten erhält man zufällig eine rote oder eine weiße
Kaugummikugel.

c) Begründe, dass die Wahrscheinlichkeit, beim ersten Drehen eine rote Kaugummikugel zu erhalten, $\frac{2}{5}$ beträgt.

d) Steffi dreht zweimal am Kaugummiautomaten.
Stelle dieses Zufallsexperiment in einem Baumdiagramm dar und notiere an allen Pfaden die zugehörigen Wahrscheinlichkeiten.

e) Steffis Bruder behauptet: „Die Wahrscheinlichkeit, zwei verschiedenfarbige Kaugummikugeln zu erhalten, ist kleiner als 50 %."
Hat er recht? Überprüfe mit einer Rechnung.

f) Steffi dreht ein drittes Mal.
Berechne die Wahrscheinlichkeit, dass nach allen drei Drehungen mindestens eine rote Kaugummikugel dabei ist.

Aufgabe 2: Schwimmbecken

Familie Sommer hat ein Schwimmbecken gekauft (Abbildung 1).
Das Schwimmbecken ist 1,50 m hoch und hat ein Volumen von 12,24 m³.

a) Bestätige durch eine Rechnung, dass der Flächeninhalt der Grundfläche des Schwimmbeckens 8,16 m² beträgt.

b) Das Becken wird bis 20 cm unterhalb des Randes mit Wasser gefüllt.
Berechne, wie viele Liter Wasser in das Becken gefüllt werden.

Abbildung 1: Schwimmbecken
© weka Holzbau GmbH

c) Das Becken steht auf einer rechteckigen Terrasse, die nach vorne 40 cm und zur Seite 80 cm übersteht (Abbildung 2). Die Grundfläche des Beckens besteht aus acht deckungsgleichen Dreiecken. Jedes Dreieck hat die Seitenlängen $r = 1,70$ m und $a = 1,30$ m.
Bestimme rechnerisch Länge und Breite der Terrasse.

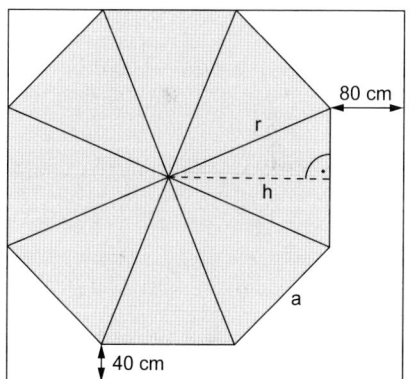

Abbildung 2: Skizze des Schwimmbeckens auf der Terrasse

2019-11

Familie Sommer fährt in den Urlaub. In dieser Zeit wachsen Algen auf der Wasseroberfläche des Schwimmbeckens. Am Tag der Abreise bedecken die Algen schon ca. 0,5 m² der Wasseroberfläche und vermehren sich täglich um 20 %. Das Wachstum der Algen auf der Wasseroberfläche kann mit der folgenden Exponentialfunktion f beschrieben werden:

$f(x) = 0,5 \cdot 1,2^x$ x ist die Zeit in Tagen; x = 0 ist der Tag der Abreise

d) Erläutere die Bedeutung der Werte 0,5 und 1,2 sowie die Bedeutung von f(x) im Zusammenhang mit dem Wachstum der Algen.

e) Berechne, wie viele Quadratmeter der Wasseroberfläche nach 6 Tagen bedeckt sind.

f) Das Algenwachstum lässt sich mit der Funktionsgleichung nur für einen begrenzten Zeitraum darstellen.
Erkläre, warum dies so ist.

Aufgabe 3: Würfel

Monya und Paul haben eine Kiste mit 500 gleichen Würfeln. Mit 3 Würfeln legen sie Figur 1 und erweitern diese Figur schrittweise (Abbildung 1).

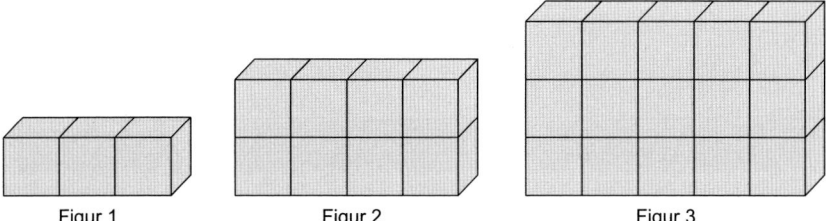

Figur 1   Figur 2   Figur 3

Abbildung 1: Würfelfiguren

Die Tabelle zeigt die Anzahl der Würfel für die ersten drei Figuren.

Figur	1	2	3
Anzahl der Würfel	3	8	15

Die Anzahl der Würfel für Figur n kann mit folgendem Term berechnet werden:
(I) $n \cdot (n + 2)$

a) Bestimme mithilfe des Terms die Anzahl der Würfel für Figur 8.

b) Begründe anhand der Figuren in Abbildung 1, dass mit dem Term die Anzahl der Würfel für jede beliebige Figur n berechnet wird.

c) Berechne mit dem Term, welche Figur n aus genau 224 Würfeln besteht.

d) Die Anzahl der Würfel für Figur n kann mit den beiden Termen berechnet werden:

(I) $n \cdot (n+2)$ (II) $(n+1)^2 - 1$

Zeige durch Termumformungen, dass die Terme (I) und (II) gleichwertig sind.

e) Bestimme die größtmögliche Figur n, die Monya und Paul mit 500 Würfeln legen können, und gib an, wie viele Würfel zum Legen der nächsten Figur fehlen.

f) Weise allgemein nach, dass von Figur n zu Figur n + 1 immer genau 2n + 3 Würfel hinzukommen.

Teilaufgabe 1 a

Verwende die Formel für das Volumen einer Kugel.

Achte darauf, dass der Durchmesser gegeben ist, den Radius musst du also gegebenenfalls noch berechnen.

In der Aufgabe werden unterschiedliche Einheiten verwendet. Es ist sinnvoll, von vornherein den Durchmesser bzw. den Radius in cm anzugeben.

Teilaufgabe 1 b

Überlege zunächst, von welcher Behälterform Steffi ausgeht und welche Bedeutung somit das in Klammern angegebene Produkt hat.

Die Bedeutung der Zahl 1,44 kannst du der Teilaufgabe 1 a entnehmen.

Steffi rechnet ohne Einheiten, es ist hilfreich, diese zu ergänzen.

Stell dir die Lage der Kaugummikugeln im Behälter vor, um das Ergebnis der Rechnung zu beurteilen.

Du kannst diese Teilaufgabe bearbeiten, auch wenn du Teilaufgabe 1 a nicht gelöst hast.

Teilaufgabe 1 c

Ermittle anhand des Textes die möglichen und die für das Ereignis „man erhält eine rote Kaugummikugel" günstigen Ergebnisse.

Überlege, ob es sich bei der gesuchten Wahrscheinlichkeit um eine Laplace-Wahrscheinlichkeit handelt.

Teilaufgabe 1 d

Es handelt sich um ein zweistufiges Zufallsexperiment mit jeweils zwei Ergebnissen.

Nach dem ersten Drehen wird die erhaltene Kaugummikugel nicht wieder zurückgelegt. Dies wirkt sich auf die möglichen und günstigen Ergebnisse aus.

Teilaufgabe 1 e

Markiere im Baumdiagramm alle Wege, die zu dem gesuchten Ereignis gehören.

Verwende die Pfadregeln, um die gesuchte Wahrscheinlichkeit zu berechnen.

Schreibe den angegebenen Prozentsatz als Bruch oder Dezimalzahl, um das Ergebnis damit vergleichen zu können.

Teilaufgabe 1 f

Formuliere zu dem Ereignis „mindestens eine rote Kaugummikugel" das Gegenereignis.

Das Gegenereignis umfasst nur ein Ergebnis.

Beachte, dass die Summe der Wahrscheinlichkeiten für das Ereignis und das Gegenereignis den Wert 1 annimmt.

Teilaufgabe 2 a

Die Form der Grundfläche ist für die Berechnung nicht von Bedeutung.

Verwende die Formel, mit der man das Volumen V mit der Grundfläche G und der Höhe h berechnen kann.

Teilaufgabe 2 b

Die Grundfläche ist in Teilaufgabe 2 a angegeben. Du kannst dieselbe Formel wie dort benutzen.

Gesucht ist das Wasservolumen.

Beachte, dass das Becken nicht vollständig gefüllt ist.

Das Volumen muss in Litern angegeben werden, nicht in m^3.

Teilaufgabe 2 c

In einem der acht Dreiecke ist in der Abbildung 2 die Höhe h eingezeichnet. Auf das so entstandene rechtwinklige Dreieck kannst du den Satz des Pythagoras anwenden.

Überlege, wie lang die Hypotenuse und die andere Kathete ist.

Die Höhe h benötigst du, um die Länge und Breite der Terrasse zu berechnen.

Achte auf die vorgegebenen seitlichen Abstände des Beckens vom Rand der Terrasse.

Teilaufgabe 2 d

Du musst einen Zusammenhang zwischen den im Text angegebenen Werten „0,5 m^2" sowie „20 %" und den Zahlen aus der Funktionsgleichung suchen.

f(x) ist der Funktionswert, also die abhängige Variable. Im Text findest du Informationen, welche Größe von der Zeit abhängt.

Berechne den Wert für x = 0, den Tag der Abreise.

Teilaufgabe 2 e

Dem Text kannst du entnehmen, dass die Zeit in Tagen durch x beschrieben wird.

Berechne daher den Funktionswert f(6) und interpretiere das Ergebnis.

Teilaufgabe 2 f

Vergleiche die Eigenschaften der Exponentialfunktion mit der in der Realität begrenzten Wasseroberfläche.

Berechne z. B. einmal f(16) und vergleiche den Wert mit der beschriebenen Situation.

Teilaufgabe 3 a

In dem vorgegebenen Term muss für n die passende Zahl eingesetzt werden.

Teilaufgabe 3 b

Figur 1 ist 1 Würfel hoch und 3 Würfel breit. Erkunde, wie sich die Höhen und Breiten von Figur zu Figur verändern.

Stelle eventuell diese Werte in einer Tabelle zusammen und setze die Tabelle für Figur 4 und 5 fort.

Die Figuren stellen einen Quader mit konstanter Tiefe dar. Damit kannst du die Anzahl der benötigten Würfel berechnen.

Teilaufgabe 3 c

Dies ist eine Umkehraufgabe: Zu der Gesamtanzahl soll die Nummer n der Figur berechnet werden.

Dazu muss eine quadratische Gleichung gelöst werden.

Benutze entweder die pq-Formel oder die quadratische Ergänzung.

Teilaufgabe 3 d

Du musst den Term (I) so umformen, dass der Term (II) entsteht.

Alternativ kannst du den Term (II) so umformen, dass der Term (I) entsteht.

Dabei sind jeweils mehrere Termumformungen notwendig.

Beispiele für Termumformungen sind „Ausmultiplizieren", „Zusammenfassen", „quadratische Ergänzung" usw.

Teilaufgabe 3 e

Der Operator „bestimmen" lässt es zu, dass du die Lösung durch gezieltes Probieren ermittelst. Eine rechnerische Lösung wird hier nicht erwartet.

Beginne mit einer einfachen Überschlagsrechnung, z. B. für $n = 20$.

Achte beim zweiten Teil der Aufgabe darauf, dass es um die nächste Figur geht.

Teilaufgabe 3 f

Diese Teilaufgabe sollst du allgemein lösen, eine Lösung mit Beispielen ist nicht zulässig.

Die Anzahl der Würfel für die Figur Nr. n ist mit $n \cdot (n + 2)$ bekannt. Überlege dir, wie dieser Term für die nächste Figur Nr. $(n + 1)$ aussieht.

Es kommt hier auf die Differenz der beiden Anzahlen an. Beachte, dass für die Figur Nr. $(n + 1)$ mehr Würfel benötigt werden als für die Figur Nr. n.

Aufgabe 1

a) Für das Volumen V einer Kugel mit dem Radius r gilt:

$$V = \frac{4}{3}\pi \cdot r^3$$

Der Durchmesser d der Kugel beträgt 14 mm. Für den Radius r gilt dann:

$$r = \frac{d}{2} = \frac{14 \text{ mm}}{2} = 7 \text{ mm} = 0,7 \text{ cm}$$

Einsetzen ergibt:

$$V = \frac{4}{3}\pi \cdot (0,7 \text{ cm})^3 \approx 1,44 \text{ cm}^3$$

Alternative Lösung:
Einsetzen von r = 7 mm ergibt:

$$V = \frac{4}{3}\pi \cdot (7 \text{ mm})^3 \approx 1\,437 \text{ mm}^3 = 1,437 \text{ cm}^3 \approx 1,44 \text{ cm}^3 \quad (\text{da } 1\,000 \text{ mm}^3 = 1 \text{ cm}^3)$$

b) Steffi geht von einem exakt quaderförmigen Behälter aus und berechnet zunächst das Volumen des Quaders in der Einheit cm³. Dieses Volumen dividiert sie durch das Volumen einer Kaugummikugel in der Einheit cm³, das in Teilaufgabe 1 a berechnet wurde. Das Ergebnis gibt an, wie oft das Volumen von 1,44 cm³ in dem Volumen des Quaders enthalten ist.
Da die Kaugummikugeln im Behälter nicht ohne Zwischenräume gepackt werden können, ist die Anzahl der Kaugummikugeln im Behälter kleiner als die von ihr berechneten 8 035 Stück.

c) Die Anzahl der möglichen Ergebnisse entspricht der Anzahl der Kaugummi-kugeln insgesamt: $8 + 12 = 20$
Die Anzahl der für das Ereignis günstigen Ergebnisse entspricht der Anzahl der roten Kugeln: 8

$$P(\text{die erhaltene Kugel ist rot}) = \frac{8}{20} = \frac{2}{5}$$

d) Es ergibt sich das nebenstehende Baum-diagramm.

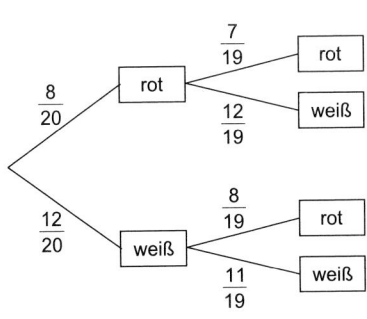

TIPP Erläuterung der Wahrscheinlichkeiten:

$\frac{8}{20}$: Vor dem ersten Drehen sind von den 20 Kugeln im Behälter 8 rot.

$\frac{12}{20}$: Vor dem ersten Drehen sind von den 20 Kugeln im Behälter 12 weiß.

Nach dem ersten Drehen fehlt eine Kugel im Behälter, es sind nur noch 19.

$\frac{7}{19}$: Nach dem ersten Drehen fehlt eine rote Kugel, es sind nur noch 7.

$\frac{12}{19}$: Nach dem ersten Drehen sind immer noch 12 weiße Kugeln im Behälter.

$\frac{8}{19}$: Nach dem ersten Drehen sind immer noch 8 rote Kugeln im Behälter.

$\frac{11}{19}$: Nach dem ersten Drehen fehlt eine weiße Kugel, es sind nur noch 11.

e) Die beiden Kaugummikugeln sind verschiedenfarbig, wenn man erst eine rote und beim zweiten Drehen eine weiße erhält oder umgekehrt. Im Baumdiagramm werden die beiden Wege „rot – weiß" und „weiß – rot" betrachtet.
Nach der ersten Pfadregel werden die Einzelwahrscheinlichkeiten jeweils multipliziert.

$$P(\text{rot} - \text{weiß}) = \frac{8}{20} \cdot \frac{12}{19} = \frac{24}{95}$$

$$P(\text{weiß} - \text{rot}) = \frac{12}{20} \cdot \frac{8}{19} = \frac{24}{95}$$

Nach der zweiten Pfadregel werden diese beiden Wahrscheinlichkeiten addiert.

$$P(\text{zwei verschiedenfarbige Kugeln}) = P(\text{rot} - \text{weiß}) + P(\text{weiß} - \text{rot})$$
$$= \frac{24}{95} + \frac{24}{95}$$
$$= \frac{48}{95}$$
$$\approx 0,51$$
$$= 51\,\%$$

Damit folgt:

$\frac{48}{95} > 50\,\%$

Steffis Bruder hat nicht recht. Die Wahrscheinlichkeit für das Auftreten zweier verschiedenfarbiger Kaugummikugeln ist etwas größer als 50 %.

f) Zu dem Ereignis „mindestens eine rote Kaugummikugel" lautet das Gegenereignis „keine rote Kaugummikugel" bzw. „alle drei Kaugummikugeln sind weiß".

Es gilt:

P(mindestens eine rote Kaugummikugel)

$= 1 - $ P(alle drei Kaugummikugeln sind weiß)

$= 1 - \dfrac{12}{20} \cdot \dfrac{11}{19} \cdot \dfrac{10}{18}$

$= \dfrac{46}{57}$

$\approx 0,81$

$= 81\%$

> **TIPP** Da man bei jedem Drehen eine weiße Kugel erhält, nimmt die Anzahl der weißen Kugeln (im Zähler) sowie die Anzahl der Kugeln insgesamt (im Nenner) jeweils um 1 ab.

Die Wahrscheinlichkeit, dass nach allen drei Drehungen mindestens eine rote Kaugummikugel dabei ist, beträgt etwa 81 %.

Aufgabe 2

a) Es gilt die Formel:

$V = G \cdot h \;\Rightarrow\; G = V : h$

Die gegebenen Werte werden eingesetzt:

$G = 12,24\,\text{m}^3 : 1,50\,\text{m} = 8,16\,\text{m}^2$

b) Es gilt die Formel:

$V = G \cdot h$

Für die Höhe h gilt:

$h = 1,50\,\text{m} - 20\,\text{cm} = 1,50\,\text{m} - 0,2\,\text{m} = 1,30\,\text{m}$

Die Werte für die Grundfläche G und die Höhe h werden eingesetzt:

$V = 8,16\,\text{m}^2 \cdot 1,30\,\text{m} = 10,608\,\text{m}^3$

Umrechnung der Volumeneinheit:

Wegen $1\,\text{m}^3 = 1\,000\,\ell$ gilt:

$10,608\,\text{m}^3 = 10\,608\,\ell \approx 10\,600\,\ell$

Es werden etwa 10 600 Liter Wasser in das Becken gefüllt.

c) Für die Länge L der Terrasse gilt:

$L = 2 \cdot h + 0,8\,\text{m}$

Für die Breite B der Terrasse gilt:

$B = 2 \cdot h + 0,4\,\text{m}$

Für die Berechnung der gesuchten Größen muss somit erst die Länge der Strecke h in der Abbildung ermittelt werden.

In dem rechtwinkligen Dreieck mit der Hypotenuse r und den Katheten h und $\frac{a}{2}$ gilt nach dem Satz des Pythagoras:

$$r^2 = h^2 + \left(\frac{a}{2}\right)^2$$

Die gegebenen Werte werden eingesetzt und die Gleichung wird dann nach h aufgelöst.

$$(1,7\,\text{m})^2 = h^2 + \left(\frac{1,30\,\text{m}}{2}\right)^2$$

$$h^2 = (1,7\,\text{m})^2 - (0,65\,\text{m})^2$$

$$h = \sqrt{(1,7\,\text{m})^2 - (0,65\,\text{m})^2} \approx 1,57\,\text{m}$$

Mit dem Wert für h werden jetzt die Maße der Terrasse berechnet:

L = 2 · h + 0,8 m ≈ 2 · 1,57 m + 0,8 m = 3,94 m
B = 2 · h + 0,4 m ≈ 2 · 1,57 m + 0,4 m = 3,54 m

Die Terrasse ist etwa 3,94 m lang und 3,54 m breit.

d) f(0) = 0,5

Somit ist 0,5 der Startwert, also die von Algen bedeckte Wasseroberfläche am Tag der Abreise.

1,2 ist der Wachstumsfaktor. Wenn die Fläche von Tag zu Tag um 20 % größer wird, ist am nächsten Tag das 1,2-Fache der Fläche vom Vortag mit Algen bedeckt.

f(x) ist der Funktionswert und gibt die Größe der von Algen bedeckten Wasseroberfläche nach x Tagen an, gerechnet vom Tag der Abreise.

e) x gibt die Zahl der Tage nach Abreise an, also wird der Funktionswert für x = 6 berechnet:

$$f(6) = 0,5 \cdot 1,2^6 \approx 1,5$$

Nach 6 Tagen sind etwa 1,5 m^2 der Wasseroberfläche mit Algen bedeckt.

f) Die Exponentialfunktion ist streng monoton wachsend, d. h., mit größer werdenden x-Werten steigen auch die Funktionswerte unbegrenzt. Durch die Größe der Wasseroberfläche ist das Algenwachstum aber begrenzt.

TIPP Wenn man z. B. f(16) berechnet, erhält man etwa 9,2. Das bedeutet, die von Algen bedeckte Wasseroberfläche wäre 9,2 m^2 und damit größer als die Wasseroberfläche des Schwimmbeckens (8,16 m^2).

Aufgabe 3

a) In dem gegebenen Term $n \cdot (n + 2)$ wird für n der Wert 8 eingesetzt:
$$8 \cdot (8 + 2) = 8 \cdot 10 = 80$$
Figur 8 enthält 80 Würfel.

b) Die Würfelfiguren in der Abbildung stellen Quader dar, die immer breiter und höher werden. In der folgenden Tabelle sind die Werte für die ersten drei Figuren dargestellt:

Figur	1	2	3
Höhe	1 Würfel	2 Würfel	3 Würfel
Breite	3 Würfel	4 Würfel	5 Würfel

Der Tabelle kann man entnehmen, dass die Höhe des Quaders von Figur zu Figur immer um einen Würfel zunimmt. Die Höhe des Quaders entspricht immer der Nummer n der Figur.
Außerdem erkennt man, dass die Breite immer um 2 Würfel größer ist als die Höhe und damit auch um 2 größer ist als die Nummer n der Figur.
Daraus folgt, dass in Figur Nr. n der Quader n Würfel hoch und $(n + 2)$ Würfel breit ist.
Das Produkt aus der Würfelzahl für die Höhe und der Würfelzahl für die Breite gibt dann die benötigte Anzahl der Würfel an: Figur Nr. n besteht aus $n \cdot (n + 2)$ Würfeln.

c) Es gilt:
$$n \cdot (n + 2) = 224$$
$$n^2 + 2n = 224$$
$$n^2 + 2n - 224 = 0$$
Lösung mithilfe der pq-Formel:
$$n_{1/2} = -\frac{p}{2} \pm \sqrt{\left(\frac{p}{2}\right)^2 - q}$$
Einsetzen von $p = 2$ und $q = -224$ ergibt:
$$n_{1/2} = -\frac{2}{2} \pm \sqrt{\left(\frac{2}{2}\right)^2 - (-224)} = -1 \pm \sqrt{1 + 224} = -1 \pm \sqrt{225} = -1 \pm 15$$
$$n_1 = 14$$
$$n_2 = -16$$
Die Anzahl der Würfel kann nur positiv sein, also besteht Figur Nr. 14 aus 224 Würfeln.

Alternative Lösung: quadratische Ergänzung

$$n^2 + 2n = 224$$
$$n^2 + 2n + 1 = 224 + 1$$
$$(n+1)^2 = 225$$
$$n + 1 = 15 \ \lor \ n + 1 = -15$$
$$n = 14 \ \lor \ n = -16$$

d) Der Term (I) wird so umgeformt, dass der Term (II) entsteht:

$$n \cdot (n+2) = n^2 + 2n = n^2 + 2n + 1 - 1 = (n+1)^2 - 1$$

> **TIPP** Dabei wurden folgende Termumformungen benutzt:
> Ausmultiplizieren – quadratische Ergänzung – binomische Formel für die ersten drei Summanden

Alternative Lösung:
Der Term (II) wird so umgeformt, dass der Term (I) entsteht:

$$(n+1)^2 - 1 = n^2 + 2n + 1 - 1 = n^2 + 2n = n \cdot (n+2)$$

> **TIPP** Dabei wurden folgende Umformungen benutzt:
> binomische Formel – Zusammenfassen – Ausklammern

e) Für $n = 20$ wird die Anzahl der Würfel ermittelt:

$$20 \cdot (20 + 2) = 20 \cdot 22 = 440 < 500$$

Die Berechnung wird systematisch fortgesetzt:
Figur Nr. 21: $21 \cdot (21 + 2) = 21 \cdot 23 = 483 < 500$
Figur Nr. 22: $22 \cdot (22 + 2) = 22 \cdot 24 = 528 > 500$

Figur Nr. 21 ist die größtmögliche Figur, die Monya und Paul mit 500 Würfeln legen können.

$$528 - 500 = 28$$
Um die nächste Figur Nr. 22 legen zu können, fehlen 28 Würfel.

f) Um die Anzahl der Würfel für Figur Nr. $(n+1)$ durch einen Term zu beschreiben, wird in dem Term für die Anzahl der Würfel für Figur Nr. n die Variable n durch $(n+1)$ ersetzt.
Figur Nr. n: $n \cdot (n+2)$
Figur Nr. $(n+1)$: $(n+1) \cdot ((n+1) + 2) = (n+1) \cdot (n+3)$

Die Differenz beschreibt die gesuchte Anzahl:

$$(n+1) \cdot (n+3) - n \cdot (n+2)$$

Ausmultiplizieren und Vereinfachen ergibt:

$$(n+1) \cdot (n+3) - n \cdot (n+2) = n^2 + n + 3n + 3 - n^2 - 2n = 2n + 3$$

Prüfungsteil I – Wahlmöglichkeit 1

Aufgabe 1

Schätze: Wie viele Röhrchen sind im markierten Teil des Insektenhotels zu sehen? Beschreibe, wie du vorgegangen bist.

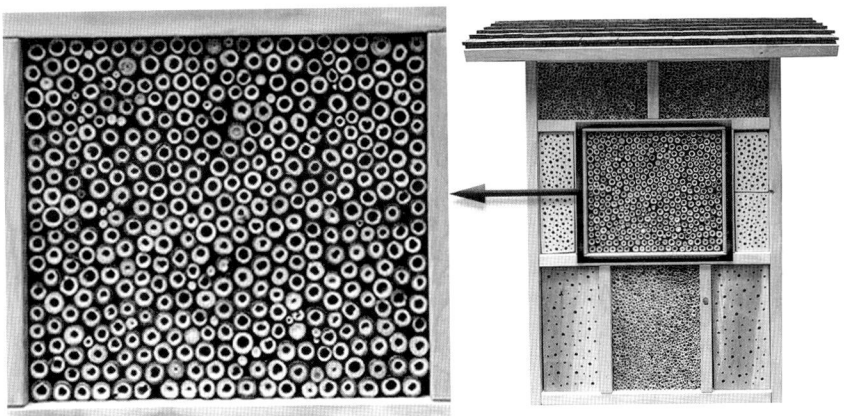

© www.naturdomizile.de

Aufgabe 2

Rechne die Größen in die angegebene Einheit um.

2,5 h = _____ Sekunden

1 296 cm = _____ Meter

50 g = _____ Kilogramm

Aufgabe 3

Eine Pyramide aus Holz hat eine quadratische Grundfläche mit der Seitenlänge 15 cm und eine Höhe von 24 cm.
Berechne das Volumen und das Gewicht der Pyramide, wenn 1 cm³ Holz 0,8 g wiegt.

Aufgabe 4

a) Ordne die rechts abgebildeten Funktionsgraphen von f, g und h den angegebenen Gleichungen zu.

| f |

$$y = -0,5x + 2$$

| g |

$$y = 0,5x + 3$$

| h |

$$y = 2x + 3$$

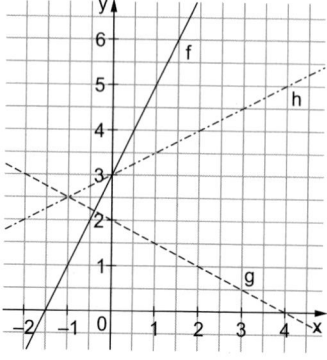

b) Gib eine lineare Gleichung an, die zu folgender Wertetabelle passt:

x	0	1	2
y	2	3,5	5

y = _____

Aufgabe 5

Am 1. Juli 2020 wurde in Deutschland befristet die Mehrwertsteuer (= MwSt.) von 19 % auf 16 % gesenkt. Herr Meyer hat ein Geschäft für Bekleidung und hat die Senkung der Mehrwertsteuer an seine Kunden weitergegeben. Dafür hat er eine Excel-Tabelle angelegt:

	A	B	C	D	E
1	Produkt	Preis ohne MwSt.	Preis mit 19 % MwSt.	Preis mit 16 % MwSt.	Ersparnis in €
2	T-Shirt	7,52	8,95	8,72	0,23
3	Pullover	11,72	13,95	13,60	0,35
4	Kapuzenpullover	33,57			1,01

a) Ergänze die fehlenden Werte in Zeile 4 für den Kapuzenpullover.

b) Der Wert welcher Zelle lässt sich mit der Formel „= B3 * 1,19 – B3 * 1,16" berechnen?
Gib die Zelle an.

c) Herr Meyer stellt fest: „Obwohl die Mehrwertsteuer um 3 % abgesenkt wurde, betrug die Ersparnis für den Kunden nicht 3 %."
Begründe durch eine Rechnung, dass diese Aussage zutrifft.

Aufgabe 1

Dies ist eine sogenannte Fermi-Aufgabe.

Du sollst die Anzahl der Röhrchen nicht exakt zählen, aber auch nicht willkürlich schätzen.

Stattdessen sollst du die Anzahl mithilfe plausibler Annahmen näherungsweise berechnen.

Dabei ist es hilfreich, dass der markierte Teil ein Rechteck darstellt.

Aufgabe 2

Du kennst alle Einheiten aus dem Alltag.

h steht für die Einheit Stunde. Bei den Zeiteinheiten ist ein Zwischenschritt hilfreich.

Erinnere dich an die Bedeutung der Vorsilben „centi" und „kilo".

Aufgabe 3

Verwende die Formel, mit der sich das Volumen V der Pyramide mithilfe der Grundfläche G und der Höhe h berechnen lässt.

Jeder cm^3 Holz hat eine Masse von 0,8 g, also kannst du proportional hochrechnen.

Teilaufgabe 4a

In der allgemeinen Form $y = m \cdot x + c$ gibt m die Steigung der Geraden an und c den y-Achsenabschnitt.

Achte auf die Steigungen der drei Geraden. Sie reichen aus, um den Geraden die Gleichungen zuzuordnen.

Du musst nichts ausrechnen, du kannst die Geraden den Gleichungen nur mithilfe der Vorzeichen und der Größe der Steigung zuordnen.

Teilaufgabe 4b

Es genügt, eine lineare Gleichung anzugeben. Eine Begründung wird nicht erwartet.

Den Wert für den y-Achsenabschnitt kannst du direkt in der Tabelle ablesen.

Die Steigung beschreibt die Zunahme des y-Wertes, wenn der x-Wert um 1 vergrößert wird.

Teilaufgabe 5 a

Achte darauf, den Preis mit Mehrwertsteuer zu berechnen, nicht die Mehrwertsteuer selbst.

Dazu kannst du den Preis ohne MwSt. mit einem passenden Faktor multiplizieren.

Runde sinnvoll auf Cent-Beträge.

Teilaufgabe 5 b

Suche zu den beiden Termen in der Differenz die jeweiligen Zellen.

Die Bedeutung der Faktoren 1,19 und 1,16 ist dir aus der Teilaufgabe 5 a bekannt.

Als Lösung genügt es, ohne Begründung die Bezeichnung der Zelle anzugeben.

Teilaufgabe 5 c

Hier wird keine allgemeine Begründung verlangt, sondern eine konkrete Rechnung.

Berechne also, wie viel Prozent der Kunde gespart hat. Der Grundwert ist dabei der alte Preis mit 19 % MwSt.

Runde den Prozentsatz sinnvoll, um ihn mit dem gegebenen vergleichen zu können.

Lösungsvorschlag zum Prüfungsteil I – Wahlmöglichkeit 1

Aufgabe 1

In einer Reihe liegen etwa 20 Röhrchen.
In dem Rechteck liegen etwa 17 Reihen übereinander.
$17 \cdot 20 = 340$
In dem markierten Teil des Insektenhotels sind etwa 340 Röhrchen zu sehen.

Aufgabe 2

Wegen 1 h = 60 min und 1 min = 60 s gilt:
2,5 h = 2,5 · 60 min = 150 min = 150 · 60 s = 9 000 s

Wegen 100 cm = 1 m gilt:
$$1\,296\ \text{cm} = \frac{1\,296}{100}\ \text{m} = 12,96\ \text{m}$$

Wegen $1\,000\,\text{g} = 1\,\text{kg}$ gilt:

$$50\,\text{g} = \frac{50}{1\,000}\,\text{kg} = \frac{5}{100}\,\text{kg} = 0,05\,\text{kg}$$

Aufgabe 3

Für das Volumen V der Pyramide mit der Grundfläche G und der Höhe h gilt:

$$V = \frac{1}{3} \cdot G \cdot h$$

Die Grundfläche G ist quadratisch mit der Seitenlänge 15 cm. Daher gilt:
$G = 15\,\text{cm} \cdot 15\,\text{cm} = 225\,\text{cm}^2$

Einsetzen der Werte ergibt:

$$V = \frac{1}{3} \cdot 225\,\text{cm}^2 \cdot 24\,\text{cm} = 1\,800\,\text{cm}^3$$

Um die Masse m der Pyramide zu berechnen, wird das Volumen mit der Dichte $0,8\,\frac{\text{g}}{\text{cm}^3}$ multipliziert:

$$m = 1\,800\,\text{cm}^3 \cdot 0,8\,\frac{\text{g}}{\text{cm}^3} = 1\,440\,\text{g} = 1,44\,\text{kg}$$

Die Pyramide hat ein Volumen von $1\,800\,\text{cm}^3$ und eine Masse von 1,44 kg.

Aufgabe 4

a) Die Gerade g ist die einzige fallende Gerade. Sie hat daher eine negative Steigung.
$\Rightarrow$ g: $y = -0,5x + 2$

Die Gerade f ist steiler als die Gerade h, hat also die größere Steigung.
$\Rightarrow$ f: $y = 2x + 3$ und h: $y = 0,5x + 3$

Alternative Lösung:

Du kannst zu jeder Geraden die zugehörige Geradengleichung aufstellen und diese mit den gegebenen Gleichungen vergleichen.

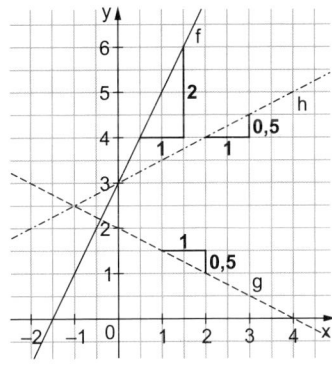

Die Gerade f hat die Steigung $m = 2$ und den y-Achsenabschnitt $c = 3$.
$\Rightarrow$ f: $y = 2x + 3$

Die Gerade g hat die Steigung $m = -0,5$ und den y-Achsenabschnitt $c = 2$.
$\Rightarrow$ g: $y = -0,5x + 2$

Die Gerade h hat die Steigung $m = 0,5$ und den y-Achsenabschnitt $c = 3$.
$\Rightarrow$ h: $y = 0,5x + 3$

b) Eine Lösung lautet $y = 1,5x + 2$.

> **TIPP** Die Gerade verläuft durch den Punkt $(0\,|\,2)$, also ist der y-Achsenabschnitt $c = 2$.
> Wenn der x-Wert um 1 zunimmt (von 0 auf 1 bzw. von 1 auf 2), steigt der y-Wert konstant um 1,5 (von 2 auf 3,5 bzw. von 3,5 auf 5), also ist die Steigung $m = 1,5$.

Aufgabe 5

a) Um den Preis mit 19 % MwSt. zu berechnen, wird der Preis ohne MwSt. mit dem Faktor $1 + 19\,\% = 1 + 0,19 = 1,19$ multipliziert.
$33,57 \, € \cdot 1,19 \approx 39,95 \, €$

Um den Preis mit 16 % MwSt. zu berechnen, wird der Preis ohne MwSt. mit dem Faktor $1 + 16\,\% = 1 + 0,16 = 1,16$ multipliziert.
$33,57 \, € \cdot 1,16 \approx 38,94 \, €$

Alternative Lösung:
In Zelle **E4** ist die Ersparnis angegeben. Also kannst du aus dem Preis mit 19 % MwSt. den Preis mit 16 % MwSt. berechnen:
$39,95 \, € - 1,01 \, € = 38,94 \, €$

b) Mit „$= B3 * 1{,}19$" berechnet man mithilfe der Zelle **B3** den Wert der Zelle **C3**.
Mit „$= B3 * 1{,}16$" berechnet man mithilfe der Zelle **B3** den Wert der Zelle **D3**.
Die Differenz der Werte in den Zellen **C3** und **D3** gibt den Wert der Zelle **E3** an.

c) Die Ersparnis von $0,35 \, €$ in Zelle **E3** stellt den Prozentwert dar, der Grundwert ist der Preis mit 19 % MwSt. in Zelle **C3**, also $13,95 \, €$.
$$\frac{0,35 \, €}{13,95 \, €} \approx 0,025 = 2,5\,\% < 3\,\%$$

> **TIPP** Bei der Berechnung der MwSt. wird jeweils der Preis ohne MwSt. zugrunde gelegt. Bei der Berechnung der prozentualen Ersparnis wird aber der (höhere) Preis mit 19 % MwSt. als Grundwert genommen.

Aufgabe 1

Schätze: Wie viele Röhrchen sind im markierten Teil des Insektenhotels zu sehen? Beschreibe, wie du vorgegangen bist.

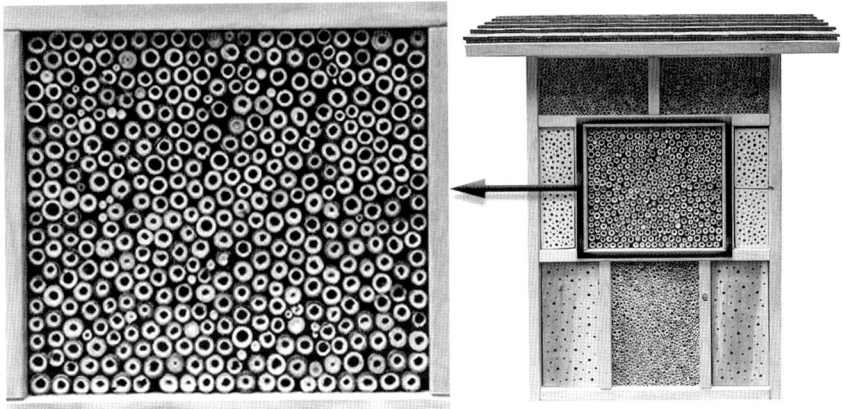

© www.naturdomizile.de

Aufgabe 2

Ordne der Größe nach. Beginne mit der kleinsten Zahl:

$\frac{2}{10}$ $0,15$ 10^{-1} $0,05$

Aufgabe 3

Herr Celik hat einen alten LKW gekauft.

a) Berechne das Volumen des quaderförmigen Laderaums.

b) Der Boden und die inneren Seitenwände des Laderaums müssen neu lackiert werden. Die Kosten für das Lackieren betragen 39 € pro angefangenen Quadratmeter (m²).
Berechne den Preis der neuen Lackierung.

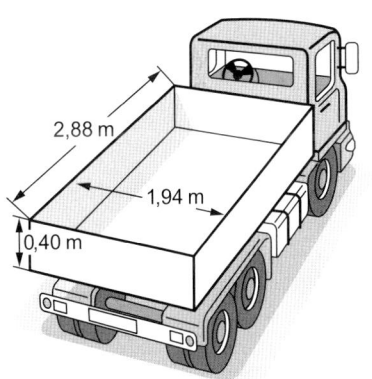

2,88 m

1,94 m

0,40 m

Aufgabe 4

a) Löse das lineare Gleichungssystem. Notiere deinen Lösungsweg.

I $\quad 6x - 4y = -26$

II $\quad 2x + 4y = 2$

b) Ergänze den fehlenden Wert in Gleichung I so, dass das angegebene Gleichungssystem keine Lösung hat. Begründe deine Entscheidung.

I $\quad y = \underline{\quad\quad} x - 7$

II $\quad y = 3x + 5$

Aufgabe 5

Am 1. Juli 2020 wurde in Deutschland befristet die Mehrwertsteuer (= MwSt.) von 19 % auf 16 % gesenkt. Herr Meyer hat ein Geschäft für Bekleidung und hat die Senkung der Mehrwertsteuer an seine Kunden weitergegeben. Dafür hat er eine Excel-Tabelle angelegt:

	A	B	C	D	E
1	Produkt	Preis ohne MwSt.	Preis mit 19 % MwSt.	Preis mit 16 % MwSt.	Ersparnis in €
2	T-Shirt	7,52	8,95	8,72	0,23
3	Pullover	11,72	13,95	13,60	0,35
4	Kapuzenpullover	33,57			1,01

a) Ergänze die fehlenden Werte in Zeile 4 für den Kapuzenpullover.

b) Der Wert welcher Zelle lässt sich mit der Formel „= B3 * 1,19 – B3 * 1,16" berechnen?
Gib die Zelle an.

c) Herr Meyer stellt fest: „Obwohl die Mehrwertsteuer um 3 % abgesenkt wurde, betrug die Ersparnis für den Kunden nicht 3 %."
Begründe durch eine Rechnung, dass diese Aussage zutrifft.

Aufgabe 1

siehe Aufgabe 1 aus Prüfungsteil I, Wahlmöglichkeit 1

Aufgabe 2

Du musst alle Zahlen in einer einheitlichen Art und Weise darstellen.

Dezimalzahlen lassen sich besonders einfach vergleichen.

Denke daran, mit der kleinsten Zahl zu beginnen, und verwende für die Anordnung das passende Zeichen.

Teilaufgabe 3 a

Verwende die Formel, mit der sich das Volumen V eines Quaders berechnen lässt, wenn die Länge ℓ, die Breite b und die Höhe h gegeben sind.

Überprüfe, ob die drei gegebenen Längen in derselben Einheit angegeben sind.

Teilaufgabe 3 b

Der Zeichnung kannst du entnehmen, wie viele Flächen neu gestrichen werden.

Die Formel für die Oberfläche eines Quaders aus der Formelsammlung kannst du hier nicht verwenden.

Die Maße für die Längen und Breiten der einzelnen Flächen musst du der Zeichnung entnehmen.

Das Ergebnis darfst du nicht mathematisch runden, auch ein angefangener Quadratmeter wird voll berechnet.

Teilaufgabe 4 a

Hier bietet sich das Additionsverfahren an.

Du kannst aber auch das Einsetzungs- oder Gleichsetzungsverfahren verwenden.

Denke daran, die Zahlenwerte für beide Variablen zu ermitteln.

Teilaufgabe 4 b

Verwende das Gleichsetzungsverfahren und probiere, für welchen Vorfaktor von x die Gleichung keine Lösung hat.

Du kannst das Problem auch geometrisch lösen: Was bedeutet „keine Lösung" für die beiden zu I und II gehörigen Geraden?

Fertige eventuell eine Skizze an.

Aufgabe 5

siehe Aufgabe 5 aus Prüfungsteil I, Wahlmöglichkeit 1

Aufgabe 1

siehe Aufgabe 1 aus Prüfungsteil I, Wahlmöglichkeit 1

Aufgabe 2

Es gilt:

$$\frac{2}{10} = 0,2$$

$$10^{-1} = \frac{1}{10^1} = \frac{1}{10} = 0,1$$

Damit ergibt sich:

$$0,05 < 0,1 < 0,15 < 0,2$$

Es folgt:

$$0,05 < 10^{-1} < 0,15 < \frac{2}{10}$$

Aufgabe 3

a) $V = \ell \cdot b \cdot h = 2,88 \text{ m} \cdot 1,94 \text{ m} \cdot 0,40 \text{ m} \approx 2,23 \text{ m}^3$

b) Der Boden ist nur einmal vorhanden mit $\ell = 2,88$ m und b = 1,94 m.
Die Längswand ist zweimal vorhanden mit $\ell = 2,88$ m und b = 0,40 m.
Die Querwand ist zweimal vorhanden mit $\ell = 1,94$ m und b = 0,40 m.

Damit ergibt sich für den Inhalt der Fläche A, die lackiert werden muss:
$A = 2,88 \text{ m} \cdot 1,94 \text{ m} + 2 \cdot 2,88 \text{ m} \cdot 0,40 \text{ m} + 2 \cdot 1,94 \text{ m} \cdot 0,40 \text{ m} \approx 9,44 \text{ m}^2$

Es entstehen Kosten für 10 m^2.
$10 \cdot 39 \text{ €} = 390 \text{ €}$
Die Kosten für die neue Lackierung betragen 390 €.

Aufgabe 4

a) Das Gleichungssystem wird mit dem Additionsverfahren gelöst:

I $6x - 4y = -26$

II $2x + 4y = 2$

I + II $8x = -24$ $| : 8$

$x = -3$

Einsetzen in II:

$$2 \cdot (-3) + 4y = 2$$

$$-6 + 4y = 2 \quad | +6$$

$$4y = 8 \quad | :4$$

$$y = 2$$

Alternative Lösung 1: Gleichsetzungsverfahren

Beide Gleichungen werden nach 4y aufgelöst. Die entstehenden Terme werden gleichgesetzt.

I $\quad 6x - 4y = -26 \qquad | -6x$

$\quad\quad -4y = -26 - 6x \quad | \cdot (-1)$

$\quad\quad\ 4y = 26 + 6x \qquad *$

II $\quad 2x + 4y = 2 \qquad\qquad | -2x$

$\quad\quad\ 4y = 2 - 2x$

Gleichsetzen der beiden Terme:

$$26 + 6x = 2 - 2x \quad | +2x$$

$$26 + 8x = 2 \quad | -26$$

$$8x = -24 \quad | :8$$

$$x = -3$$

Einsetzen in *:

$$4y = 26 + 6 \cdot (-3)$$

$$4y = 26 - 18$$

$$4y = 8 \qquad\qquad | :4$$

$$y = 2$$

Alternative Lösung 2: Einsetzungsverfahren

Eine Gleichung wird nach einer Variablen aufgelöst, in der zweiten Gleichung wird diese Variable durch den entstandenen Term ersetzt.

I $\quad 6x - 4y = -26 \qquad | -6x$

$\quad\quad -4y = -26 - 6x \quad | :(-4)$

$\quad\quad\quad y = 6,5 + 1,5x \quad *$

Einsetzen in Gleichung II:

II $\quad 2x + 4(6,5 + 1,5x) = 2$

$\quad\quad 2x + 26 + 6x = 2$

$\quad\quad\quad 8x + 26 = 2 \qquad | -26$

$\quad\quad\quad\quad 8x = -24 \quad | :8$

$\quad\quad\quad\quad\ x = -3$

Einsetzen in *:

$$y = 6,5 + 1,5 \cdot (-3) = 2$$

b) Für den fehlenden Wert wird eine Variable a eingeführt.
Gleichsetzen ergibt dann:
$a \cdot x - 7 = 3x + 5$
Für $a = 3$ ergibt sich:
$3x - 7 = 3x + 5$
$ -7 = 5$
Dies ist ein Widerspruch. Für $a = 3$ ist das angegebene Gleichungssystem nicht lösbar.

Alternative Lösung:
Wenn das Gleichungssystem keine Lösung hat, bedeutet dies, dass die beiden Geraden keinen Schnittpunkt besitzen, also parallel verlaufen. Zwei Geraden verlaufen parallel zueinander, wenn sie die gleiche Steigung haben und die y-Achsenabschnitte unterschiedlich sind.
Die y-Achsenabschnitte sind bei den gegebenen Geraden −7 bzw. 5, also unterschiedlich. Also muss die Steigung der ersten Geraden gleich der Steigung $m = 3$ der zweiten Geraden sein.
Somit ist das Gleichungssystem unlösbar, wenn die erste Gleichung $y = 3x - 7$ lautet.

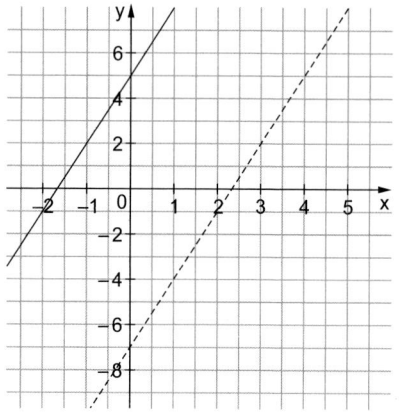

Aufgabe 5
siehe Aufgabe 5 aus Prüfungsteil I, Wahlmöglichkeit 1

Aufgabe 1: Glaskugel

Ein Unternehmen stellt lackierte Glaskugeln her
(Abbildung 1).
Die Glaskugeln haben einen Durchmesser von 8 cm.
Nach der Herstellung der Form wird die Kugelober-
fläche lackiert. Mit einem Liter Farbe kann eine Fläche
von 12 m² lackiert werden.

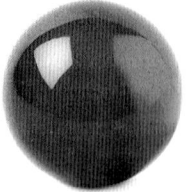

© Dmitri Stalnuhhin
123rf.com

Abbildung 1: Glaskugel

a) Berechne, wie viele Glaskugeln mit einem Liter Farbe
lackiert werden können.

b) Ein Praktikant behauptet: „Für eine Glaskugel mit doppeltem Durchmesser benötigt man viermal so viel Farbe."
Weise allgemein nach, dass die Behauptung unabhängig von der Größe der Aus-
gangskugel stimmt.

Bevor die lackierten Glaskugeln verpackt werden, durchlaufen sie eine Qualitäts-
kontrolle. Zuerst wird die Form, danach die Lackierung auf Fehler kontrolliert. Alle
Glaskugeln mit einem Fehler werden direkt aussortiert. Das Baumdiagramm zeigt die
Anteile. Die Anteile werden im Folgenden als Wahrscheinlichkeiten gedeutet.

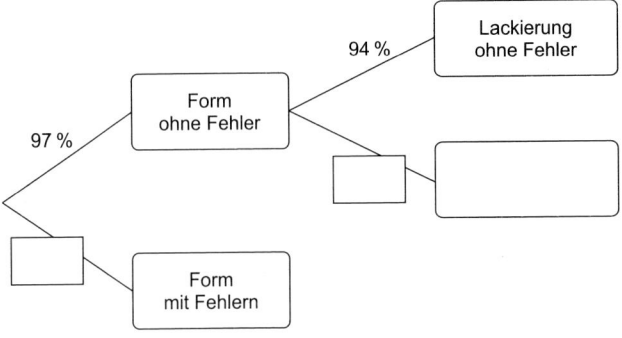

c) Ergänze die drei fehlenden Angaben im Baumdiagramm.

d) Begründe, warum der untere Ast des Baumdiagramms nicht fortgeführt ist.

e) Insgesamt werden 2 000 Glaskugeln kontrolliert.
Berechne, wie viele fehlerfreie Glaskugeln zu erwarten sind.

f) Bei einer weiteren Kontrolle werden 3 000 Kugeln überprüft. 261 Kugeln sind
fehlerhaft.
Bestimme, um wie viel Prozent die tatsächliche Anzahl von der erwarteten Anzahl abweicht.

Aufgabe 2: Blobbing

Blobbing ist eine Wassersportart im Freien (Abbildung 1). Eine vereinfachte Darstellung des Ablaufs ist in Abbildung 2 dargestellt. Beim Blobbing liegt ein mit Luft gefülltes Kissen im Wasser.

Abbildung 1: Ablauf eines Blobbing-Sprunges als überlagerte Aufnahme

© AREA 47

(1) Der *Jumper* springt vom Turm auf das Luftkissen.

(2) Auf der anderen Seite des Kissens ist der *Blobber*. Durch den Sprung befördert der *Jumper* den *Blobber* in die Luft.

(3) Der *Blobber* wird in die Luft geschleudert und landet dann im Wasser.

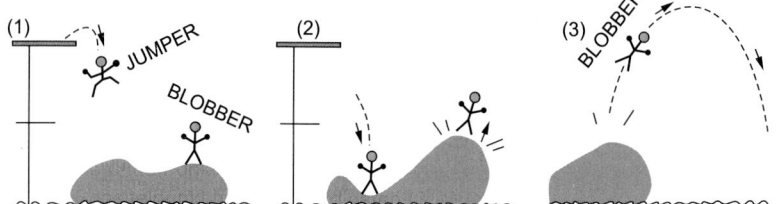

Abbildung 2: Vereinfachte Darstellung des Blobbing-Ablaufs (nicht maßstabsgetreu)

Der Jumper kann zwischen verschiedenen Absprunghöhen wählen. Ein Sprung aus fünf Meter Höhe dauert ca. 1 Sekunde. Ein Sprung aus zehn Meter Höhe dauert ca. 1,42 Sekunden.

Absprunghöhe	Sprungdauer
0 m	0 s
3 m	0,77 s
5 m	1 s
10 m	1,42 s
15 m	1,75 s

Tabelle 1: Sprungdauer in Abhängigkeit von der Absprunghöhe

2021-14

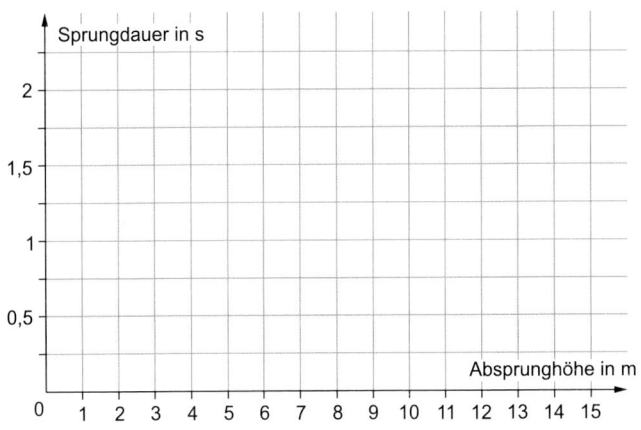

Abbildung 3: Leeres Koordinatensystem zu Aufgabenteil a

a) Skizziere zu den Werten aus Tabelle 1 den passenden Graphen in dem abgebildeten Koordinatensystem (Abbildung 3).

b) Überprüfe, ob es zwischen der Absprunghöhe und der Sprungdauer einen linearen Zusammenhang gibt. Notiere deinen Lösungsweg.

Abbildung 4 zeigt die Flugbahn eines *Blobbers* A.

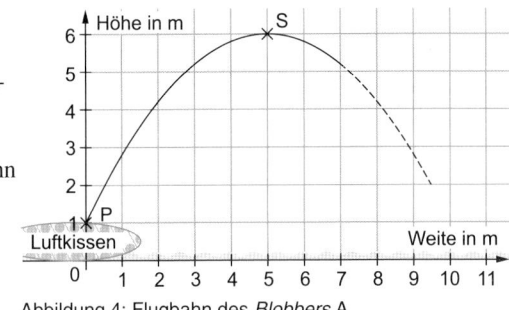

c) Begründe, dass sich die Funktion f mit
$f(x) = -0,2 \cdot (x-5)^2 + 6$
zur Modellierung der Flugbahn von *Blobber* A eignet.

Abbildung 4: Flugbahn des *Blobbers* A

Die Flugbahn von *Blobber* A kann somit durch die Funktion f mit
$f(x) = -0,2 \cdot (x-5)^2 + 6$ beschrieben werden.

d) Die Funktionsgleichung g mit $g(x) = -0,2 \cdot x^2 + 2x + 1$ beschreibt dieselbe Flugbahn. Zeige durch Termumformungen, dass die Funktionsgleichungen von f und g dieselbe Parabel beschreiben.

e) Berechne, wie weit *Blobber* A geflogen ist.

f) Die Flugbahn eines zweiten *Blobbers* B wird mit der Funktion h mit
$h(x) = -0,28 \cdot x^2 + 2,8x + 1$ beschrieben.
Nenne *eine* Gemeinsamkeit und *einen* Unterschied der Flugbahn des zweiten *Blobbers* B im Vergleich zur Flugbahn von *Blobber* A.

g) Die Blobbing-Anlage muss aus Sicherheitsgründen so beschaffen sein, dass eine Flughöhe von 15 m nicht überschritten wird.
Zeige rechnerisch, dass auch der zweite *Blobber* B diese Flughöhe nicht überschreitet.

Aufgabe 3: Muster

Jan möchte ein Muster aus rechtwinkligen gleichschenkligen Dreiecken konstruieren. Er beginnt mit dem Dreieck D_1 (Abbildung 1).

a) Zeige mit einer Rechnung, dass die Länge der Hypotenuse von Dreieck D_1 ca. 4,243 cm beträgt.

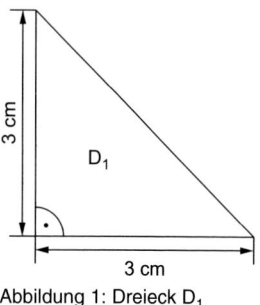

Abbildung 1: Dreieck D_1

Jan setzt das Muster mit den beiden weiteren Dreiecken D_2 und D_3 fort (Abbildung 2).

b) Ergänze das Dreieck D_4 zeichnerisch in Abbildung 2. Beschreibe, wie du vorgegangen bist.

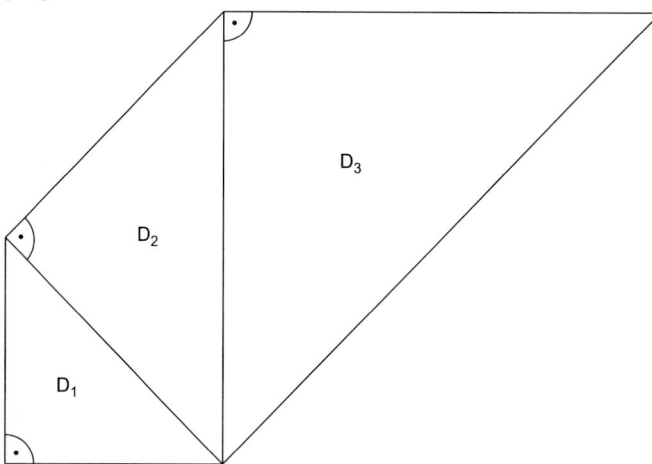

Abbildung 2: Muster bis Dreieck D_3 zu Teilaufgabe b – d

c) Begründe, wie viele Dreiecke gezeichnet werden können, ohne dass sich diese überschneiden.

d) Zeige rechnerisch, dass der Flächeninhalt von Dreieck D_2 doppelt so groß ist wie der Flächeninhalt von Dreieck D_1.

Jan berechnet weitere Flächeninhalte der Dreiecke in seinem Muster (Abbildung 3) und hält die Ergebnisse in einer Tabelle fest.

Dreieck	D_1	D_2	D_3	D_4	D_5	...
Flächeninhalt (in cm²)	4,5	9	18	36	72	...

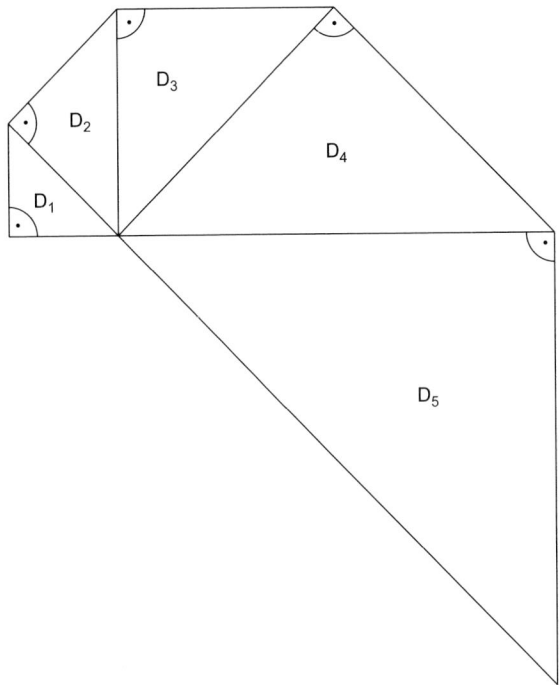

Abbildung 3: Muster bis Dreieck D_5 verkleinert dargestellt

e) Begründe, dass kein Dreieck in dem Muster einen Flächeninhalt von genau 250 cm² hat.

f) Jan möchte das Muster aus Papier herstellen. Dazu schneidet er die einzelnen Dreiecke aus DIN-A4-Blättern (21 cm × 29,7 cm) aus. Jan behauptet: „Auch das Dreieck D_8 kann ich aus einem einzigen DIN-A4-Blatt ausschneiden." Entscheide begründet, ob Jans Behauptung zutrifft.

Teilaufgabe 1 a

Es geht hier um die Oberfläche der Kugel.

Die Formel findest du in der Formelsammlung.

Beachte, dass nicht der Radius der Kugel angegeben ist, sondern der Durchmesser.

Du musst die Einheit 1 m² in die Einheit 1 cm² umrechnen.

Teilaufgabe 1 b

Hier wird eine allgemeine Begründung verlangt. Du darfst also nicht mit den gegebenen Zahlenwerten rechnen.

Überlege, wie sich die Verdopplung des Durchmessers auf den Radius der Kugel und damit auf die Oberfläche auswirkt.

Teilaufgabe 1 c

Bei einer Verzweigung ergeben die Prozentsätze zusammen 100 %.

Die Lackierung kann ohne oder mit Fehlern sein.

Achte darauf, das Baumdiagramm im unteren Teil nicht fortzusetzen.

Teilaufgabe 1 d

Im Text steht, was mit einer Kugel geschieht, deren Form fehlerhaft ist.

Teilaufgabe 1 e

Markiere gegebenenfalls in dem Baumdiagramm den Pfad, der zu einer fehlerfreien Glaskugel führt.

Verwende dann die erste Pfadregel, um die Wahrscheinlichkeit dafür zu berechnen.

Im Text steht, dass Anteile als Wahrscheinlichkeiten gedeutet werden, damit dann auch Wahrscheinlichkeiten als Anteile.

Teilaufgabe 1 f

Im Gegensatz zu der Teilaufgabe 1 e rücken hier die fehlerhaften Glaskugeln in den Fokus.

Dabei ist es egal, ob eine fehlerhafte Glaskugel einen oder zwei Fehler aufweist. Somit kannst du das Gegenereignis betrachten.

Achte bei der Berechnung des Prozentsatzes darauf, dass die erwartete Anzahl den Grundwert angibt.

Teilaufgabe 2a

Die Wassersportart Blobbing wird sehr ausführlich beschrieben. Der Text hat aber eher informativen Charakter und ist für die Lösung dieser und der folgenden Teilaufgaben von untergeordneter Bedeutung.

Um den passenden Graphen zu skizzieren, musst du zunächst die Messpunkte eintragen.

Verwende dazu das vorgegebene Koordinatensystem.

Teilaufgabe 2b

Es geht um einen linearen Zusammenhang, nicht um einen proportionalen.

Überlege, wie sich die Sprungdauer verändern müsste, wenn sich die Absprunghöhe z. B. jeweils um 5 m erhöht.

Alternativ kannst du den Graphen aus Teilaufgabe 2a betrachten. Vergleiche ihn mit einem Graphen bei einem linearen Zusammenhang.

Teilaufgabe 2c

In der Formelsammlung findest du die allgemeine Scheitelpunktform einer quadratischen Funktion.

Vergleiche diese mit der gegebenen Scheitelpunktform.

Die Koordinaten des Scheitelpunkts kannst du der Abbildung entnehmen.

Nutze die Koordinaten des Punkts P, um den noch fehlenden Parameter zu berechnen.

Alternativ kannst du überlegen, durch welche Abbildungen eine Normalparabel in die gegebene Parabel überführt wird.

Teilaufgabe 2d

Es ist einfacher, von der gegebenen Darstellung f(x) auszugehen. Verwende dann die binomischen Formeln, multipliziere aus und fasse geeignete Terme zusammen.

Umgekehrt kannst du den Term g(x) durch Ausklammern und mit einer quadratischen Ergänzung in den Term f(x) überführen.

Teilaufgabe 2e

Jetzt musst du die Abbildungen zur Aufgabe heranziehen, um zu entscheiden, ob der Blobber auf einem Luftkissen oder auf der Wasseroberfläche landet.

Verwende dann Abbildung 4, um die Situation zu mathematisieren, also zu entscheiden, welche Werte zu berechnen sind.

Berechne die Nullstellen der Funktion f.

Entscheide dich begründet für eine der beiden mathematischen Lösungen.

Teilaufgabe 2 f

Versetze dich in die Person des Blobbers und überlege, durch welche Eigenschaften sich verschiedene Flugbahnen charakterisieren lassen.

Untersuche dann die zu den beiden Flugbahnen gehörigen Funktionen auf diese Eigenschaften.

Verwende gegebenenfalls statt der Funktion f die Funktion g, um Rechnungen zu vereinfachen.

Denke daran, nur eine Gemeinsamkeit bzw. einen Unterschied anzugeben.

Teilaufgabe 2 g

Wenn du bei der vorigen Teilaufgabe die Flughöhe schon berechnet hast, ist damit für diese Aufgabe bereits der Nachweis erbracht.

Ansonsten berechnest du die Flughöhe jetzt.

Alternativ berechnest du die zur Höhe 15 m gehörige Weite x.

Teilaufgabe 3 a

Im rechtwinkligen Dreieck kannst du den Satz des Pythagoras anwenden.

Achte darauf, dass die angegebene Lösung nur einen Näherungswert darstellt.

Teilaufgabe 3 b

Vergiss nicht, deine Vorgehensweise auch zu beschreiben.

Achte darauf, wo der rechte Winkel jeweils angetragen wird.

Der Abbildung kannst du entnehmen, welche Rolle die Hypotenuse aus Dreieck D_1 im Dreieck D_2 spielt und entsprechend die Hypotenuse aus Dreieck D_2 im Dreieck D_3. Was bedeutet das für das Dreieck D_4?

Teilaufgabe 3 c

Alle Dreiecke haben einen Punkt gemeinsam. Dieser ist der Scheitelpunkt des Basiswinkels im gleichschenklig-rechtwinkligen Dreieck.

Vergleiche seine Größe mit dem Vollwinkel im Kreis.

Teilaufgabe 3 d

Hier wird eine rechnerische Lösung verlangt. Geometrische Argumentationen mit der Zeichnung sind nicht zulässig.

Du kannst die Flächeninhaltsformel für Dreiecke verwenden oder die Dreiecke als halbe Quadrate auffassen.

Beachte auch deine Rechnung zu Teilaufgabe 3 a.

Verwende notfalls auch das gerundete Ergebnis aus der Teilaufgabe 3 a.

Teilaufgabe 3 e

Verwende das Ergebnis aus Teilaufgabe 3 d.

Daraus ergibt sich auch ein Zusammenhang zwischen den Flächeninhalten der Dreiecke D_3 und D_2 und der jeweils nachfolgenden Dreieckspaare.

Somit kannst du die gegebene Tabelle fortsetzen und die Behauptung überprüfen.

Teilaufgabe 3 f

Auch wenn es in der Aufgabe nicht erwähnt ist, kannst du davon ausgehen, dass Jan beim Ausschneiden den rechten Winkel des DIN-A4-Blattes für das Dreieck verwenden möchte.

Den Flächeninhalt des Dreiecks D_8 kannst du mit der Teilaufgabe 3 e ermitteln.

Berechne dann die Katheten des Dreiecks D_8 und vergleiche sie mit den Maßen des DIN-A4-Blattes.

Alternativ kannst du auch den doppelten Flächeninhalt des Dreiecks D_8 mit dem Flächeninhalt des DIN-A4-Blattes vergleichen.

Lösungsvorschlag zum Prüfungsteil II

Aufgabe 1

a) Für die Oberfläche A_O einer Kugel mit dem Radius r gilt:
$A_O = 4\pi \cdot r^2$
Die Glaskugel mit dem Durchmesser d = 8 cm hat den Radius r = 4 cm. Einsetzen des Wertes ergibt:
$A_O = 4\pi \cdot (4 \text{ cm})^2 \approx 201 \text{ cm}^2$
Eine Glaskugel hat eine Oberfläche von etwa 201 cm².

Für die Einheit 1 m² gilt:
$1 \text{ m}^2 = 10\,000 \text{ cm}^2$
Damit folgt:
$12 \cdot 10\,000 \text{ cm}^2 = 120\,000 \text{ cm}^2$

Die Fläche, die mit einem Liter gestrichen werden kann, wird durch die Fläche einer Kugel geteilt:
$120\,000 \text{ cm}^2 : 201 \text{ m}^2 \approx 597$
Mit einem Liter Farbe können knapp 600 Glaskugeln lackiert werden.

b) Für die Oberfläche A_O einer Kugel mit dem Radius r gilt:
$A_O = 4\pi \cdot r^2$
Wenn der Durchmesser verdoppelt wird, wird auch der Radius verdoppelt.
Für eine Kugel mit dem Radius 2r gilt:
$A_O = 4\pi \cdot (2 \cdot r)^2 = 4\pi \cdot 4 \cdot r^2 = 4 \cdot (4\pi \cdot r^2) = 4 \cdot A_O$
Wird der Durchmesser d einer Glaskugel verdoppelt, verdoppelt sich auch der Radius r der Glaskugel und damit vervierfacht sich die Oberfläche A_O.

c)

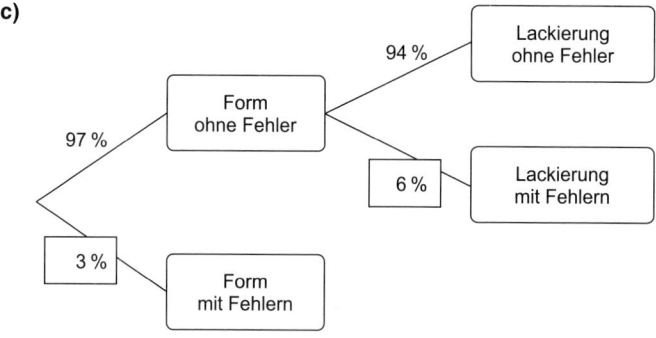

d) Alle Glaskugeln mit einem Fehler werden direkt aussortiert. Kugeln, deren Form bereits fehlerhaft ist, werden also nicht mehr auf Fehler bei der Lackierung untersucht.

2021-22

e) Mit der 1. Pfadregel ergibt sich:
P(eine Glaskugel ist fehlerfrei) $= 0,97 \cdot 0,94 = 0,9118$

Berechnung der Anzahl der fehlerfreien Glaskugeln bei 2 000 kontrollierten Glaskugeln:
$2\,000 \cdot 0,9118 \approx 1\,824$
Etwa 1 824 der kontrollierten 2 000 Glaskugeln sind voraussichtlich fehlerfrei.

f) Der Teilaufgabe 1 e kann man entnehmen:
P(eine Glaskugel ist fehlerfrei) $= 0,97 \cdot 0,94 = 0,9118$

Also gilt für das Gegenereignis „eine Glaskugel ist fehlerhaft":
P(eine Glaskugel ist fehlerhaft) $= 1 - 0,97 \cdot 0,94 = 0,0882$

Berechnung der Anzahl der fehlerhaften Glaskugeln bei 3 000 kontrollierten Glaskugeln:
$3\,000 \cdot 0,0882 \approx 265$
Etwa 265 der kontrollierten 3 000 Glaskugeln sind voraussichtlich fehlerhaft.

Alternative Lösung für den ersten Teil:
Die erwartete Anzahl fehlerfreier Glaskugeln wird von der Anzahl kontrollierter Glaskugeln subtrahiert:
$3\,000 - 3\,000 \cdot 0,9118 \approx 265$

Erwartet werden 265 fehlerhafte Glaskugeln. 261 Glaskugeln haben sich bei der Kontrolle als fehlerhaft herausgestellt, also 4 weniger als erwartet. Für den Prozentsatz ergibt sich also:
$$\frac{4}{265} \approx 0,015 = 1,5\,\%$$
Die tatsächliche Anzahl fehlerhafter Glaskugeln ist etwa 1,5 % kleiner als erwartet.

Aufgabe 2

a) Die Werte aus der Tabelle werden als Punkte im vorgegebenen Koordinatensystem eingetragen. Dann wird freihändig der passende Graph eingezeichnet, der möglichst durch alle Punkte verläuft.

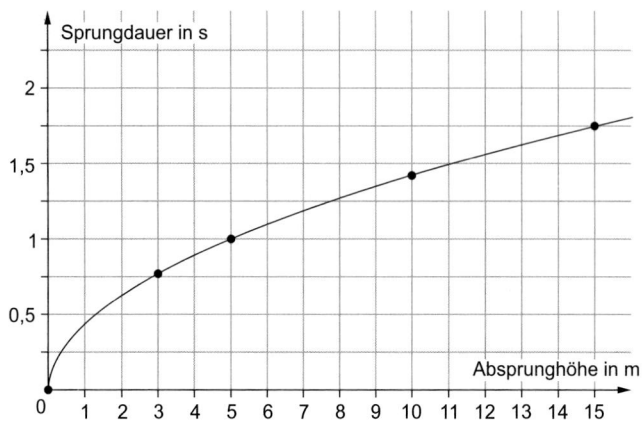

b) Bei einem linearen Zusammenhang müsste sich bei gleicher Veränderung der Absprunghöhe auch die Sprungdauer gleichmäßig verändern. Dies ist aber nicht der Fall:
Erhöht sich die Absprunghöhe um 5 m, nimmt die Sprungdauer bei 0 m auf 5 m um 1 s zu, bei 5 m auf 10 m um 0,42 s und bei 10 m auf 15 m um 0,33 s.

Alternative grafische Begründung:
Bei einem linearen Zusammenhang müssten im Koordinatensystem die Messpunkte auf einer Geraden liegen bzw. um eine Gerade streuen. Dies ist aber nicht der Fall.

c) Die Scheitelpunktform einer quadratischen Funktion lautet allgemein:
$f(x) = a(x + d)^2 + e$
Die Parabel hat dann den Scheitelpunkt $S(-d \mid e)$.

Gegeben ist die Scheitelpunktform $f(x) = -0,2(x - 5)^2 + 6$. Somit hat der Scheitelpunkt S die Koordinaten $S(5 \mid 6)$. Dies stimmt mit der Abbildung überein.

Zur Berechnung von a werden die Koordinaten vom Punkt $P(0 \mid 1)$ in die Gleichung $f(x) = a(x - 5)^2 + 6$ eingesetzt:

$$1 = a(0 - 5)^2 + 6$$
$$1 = 25a + 6 \qquad \mid -6$$
$$-5 = 25a \qquad \mid : 25$$
$$a = -\frac{5}{25} = -\frac{1}{5} = -0,2$$

Der Wert für a stimmt mit dem gegebenen Wert überein.

Alternative Lösung:

Zu überlegen ist, durch welche Abbildungen die gegebene Parabel aus der Normalparabel zu $f(x)=x^2$ hervorgeht.

1. Schritt:

Die gegebene Parabel ist nach unten geöffnet. Also muss die Normalparabel an der Rechtsachse gespiegelt werden:

$$f(x)=x^2 \quad \Rightarrow \quad f(x)=-x^2$$

2. Schritt:

Verändert man bei der Normalparabel ausgehend vom Scheitelpunkt den x-Wert um 5, verändert sich der y-Wert um $5^2=25$. Bei der gegebenen Parabel verändert sich der y-Wert nur um 5, also im Vergleich zur Normalparabel um den fünften Teil:

$$f(x)=-x^2 \quad \Rightarrow \quad f(x)=-\frac{1}{5}x^2=-0,2x^2$$

3. Schritt:

Diese Parabel muss nun um fünf Schritte nach rechts verschoben werden:

$$f(x)=-0,2x^2 \quad \Rightarrow \quad f(x)=-0,2(x-5)^2$$

4. Schritt:

Diese Parabel muss nun um sechs Schritte nach oben verschoben werden:

$$f(x)=-0,2(x-5)^2 \quad \Rightarrow \quad f(x)=-0,2(x-5)^2+6$$

Die nachfolgende Abbildung zeigt die einzelnen Schritte:

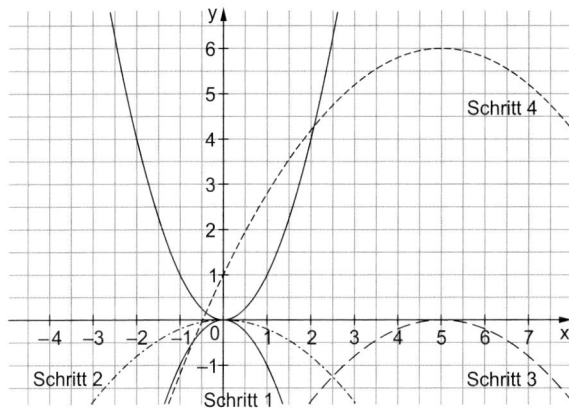

d)

$$
\begin{aligned}
f(x) &= -0,2(x-5)^2+6 && \text{2. binomische Formel} \\
&= -0,2(x^2-10x+25)+6 && \text{Ausmultiplizieren} \\
&= -0,2x^2+2x-5+6 && \text{Zusammenfassen} \\
&= -0,2x^2+2x+1 \\
&= g(x)
\end{aligned}
$$

Alternative Lösung:

$g(x) = -0,2x^2 + 2x + 1$ Ausklammern

$\quad = -0,2(x^2 - 10x - 5)$ quadratische Ergänzung

$\quad = -0,2(x^2 - 10x + 25 - 30)$ 2. binomische Formel

$\quad = -0,2(x - 5)^2 - 0,2 \cdot (-30)$ Vereinfachen

$\quad = -0,2(x - 5)^2 + 6$

$\quad = f(x)$

e) Entsprechend der Aussage bzw. Abbildung (3) im Aufgabentext wird deutlich, dass der Blobber im Wasser landet, genau genommen auf der Wasseroberfläche. Diese wird durch die x-Achse im Koordinatensystem präsentiert. Du musst also die Schnittpunkte der Parabel mit der x-Achse ermitteln, also die Nullstellen der Funktion f.

$f(x) = -0,2(x - 5)^2 + 6 = 0$

Nach Teilaufgabe 2 d beschreiben f und g dieselbe Parabel, also können auch die Nullstellen der Funktion g mithilfe der pq-Formel berechnet werden:

$g(x) = -0,2x^2 + 2x + 1 = 0 \quad |:(-0,2)$

$\qquad\qquad x^2 - 10x - 5 = 0$

Lösung mithilfe der pq-Formel:

$$x_{1/2} = -\frac{p}{2} \pm \sqrt{\left(\frac{p}{2}\right)^2 - q}$$

Einsetzen von $p = -10$ und $q = -5$ ergibt:

$$x_{1/2} = 5 \pm \sqrt{(-5)^2 - (-5)} = 5 \pm \sqrt{25 + 5} = 5 \pm \sqrt{30}$$

$$x_1 = 5 + \sqrt{30} \approx 10,48$$

$$x_2 = 5 - \sqrt{30} \approx -0,48$$

Der Blobber springt in Richtung der positiven x-Achse, also scheidet die negative Lösung aus.

Der Blobber ist also etwa 10,48 m weit geflogen.

TIPP Die Lösungen der Gleichung können auch direkt mit dem GTR ermittelt werden.

f) Die Flugbahnen können sich durch folgende Eigenschaften beschreiben lassen:
- Form der Flugbahn
- Ort des Absprungs
- Flugweite
- Flughöhe

Form der Flugbahn:
Sowohl f als auch h sind quadratische Funktionen. Eine **Gemeinsamkeit** ist also, dass beide Flugbahnen Parabeln sind.

Ort des Absprungs:
Es gilt $f(0) = g(0) = 1$ und $h(0) = 1$. Eine weitere **Gemeinsamkeit** ist also, dass beide Flugbahnen am gleichen Ort (entsprechend dem Punkt P im Koordinatensystem) beginnen.

Flugweite:
Zur Berechnung der Flugweite werden wie in Teilaufgabe 2e die Nullstellen der Funktion h berechnet.

$$h(x) = -0{,}28x^2 + 2{,}8x + 1 = 0 \quad |:(-0{,}28)$$

$$x^2 - 10x - \frac{25}{7} = 0$$

Lösung mithilfe der pq-Formel:

$$x_{1/2} = -\frac{p}{2} \pm \sqrt{\left(\frac{p}{2}\right)^2 - q}$$

Einsetzen von $p = -10$ und $q = -\frac{25}{7}$ ergibt:

$$x_{1/2} = 5 \pm \sqrt{(-5)^2 - \left(-\frac{25}{7}\right)} = 5 \pm \sqrt{25 + \frac{25}{7}}$$

$$x_1 = 5 + \sqrt{25 + \frac{25}{7}} \approx 10{,}35$$

$$x_2 = 5 - \sqrt{25 + \frac{25}{7}} \approx -0{,}35$$

Ein **Unterschied** ist, dass die Flugweite bei Blobber B mit etwa 10,35 m etwas geringer ist.

Flughöhe:
Der x-Wert des Scheitelpunktes S liegt in der Mitte zwischen den beiden Nullstellen:

Funktion f: $\quad x_S = \dfrac{10{,}48 - 0{,}48}{2} = 5$

Funktion h: $\quad x_S = \dfrac{10{,}35 - 0{,}35}{2} = 5$

Eine **Gemeinsamkeit** ist, dass bei beiden Flugbahnen die größte Höhe nach jeweils 5 m erreicht wird.

Es gilt:
$f(5) = 6$ und $h(5) = 8$
Ein weiterer **Unterschied** ist, dass bei der Flugbahn von Blobber B die größte Flughöhe mit 8 m größer ist als bei der Flugbahn von Blobber A mit 6 m.

g) Wie in Teilaufgabe 2 f wird mithilfe der Flugweite die Flughöhe bestimmt. Wegen $h(5) = 8$ wird die erlaubte Flughöhe von 15 m nicht erreicht.

Alternative Lösung 1:
Die zur Funktion h gehörige quadratische Gleichung wird in die Scheitelpunktform überführt.

$$h(x) = -0,28x^2 + 2,8x + 1 \qquad \text{Ausklammern}$$

$$= -0,28\left(x^2 - 10x - \frac{25}{7}\right) \qquad \text{quadratische Ergänzung}$$

$$= -0,28\left(x^2 - 10x + 25 - 25 - \frac{25}{7}\right) \qquad \text{2. binomische Formel}$$

$$= -0,28(x-5)^2 - 0,28 \cdot \left(-25 - \frac{25}{7}\right) \qquad \text{Vereinfachen}$$

$$= -0,28(x-5)^2 + 8$$

Der Scheitelpunkt hat die Koordinaten $S(5 \mid 8)$. Die maximale Flughöhe beträgt daher 8 m und ist daher kleiner als 15 m.

Alternative Lösung 2:
Es wird die Gleichung $h(x) = 15$ gelöst:

$$h(x) = -0,28x^2 + 2,8x + 1 = 15 \quad \mid -15$$

$$-0,28x^2 + 2,8x - 14 = 0 \quad \mid : (-0,28)$$

$$x^2 - 10x + 50 = 0$$

Lösung mithilfe der pq-Formel:

$$x_{1/2} = -\frac{p}{2} \pm \sqrt{\left(\frac{p}{2}\right)^2 - q}$$

Einsetzen von $p = -10$ und $q = 50$ ergibt:

$$x_{1/2} = 5 \pm \sqrt{(-5)^2 - 50} = 5 \pm \sqrt{25 - 50} = 5 \pm \sqrt{-25}$$

Die Diskriminante ist kleiner als null. Somit ist die quadratische Gleichung nicht lösbar. Die erlaubte Flughöhe wird nicht erreicht, also auch nicht überschritten.

Aufgabe 3

a) Mit dem Satz des Pythagoras ergibt sich für die Länge der Hypotenuse in dem Dreieck D_1:

$$c^2 = 3^2 + 3^2$$

$$c^2 = 18$$

$$c = \sqrt{18} = 4,2426\ldots \approx 4,243$$

Die Länge der Hypotenuse beträgt etwa 4,243 cm.

b) In dem neuen gleichschenklig-rechtwinkligen Dreieck D_4 sind die Katheten so lang wie die Hypotenuse aus dem Dreieck D_3. Also wird am oberen Punkt der Hypotenuse im Dreieck D_3 diese noch einmal im rechten Winkel angetragen. Das freie Ende dieser neuen Kathete wird mit dem Punkt verbunden, den alle Dreiecke gemeinsam haben. So entsteht die neue Hypotenuse im Dreieck D_4.

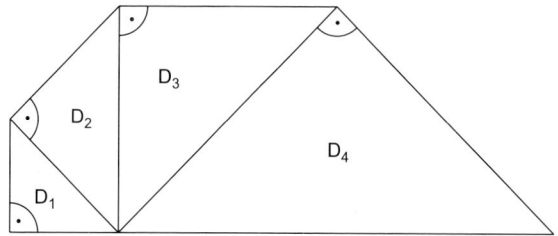

TIPP Aus Platzgründen wurde die Zeichnung verkleinert dargestellt.

c) Der Basiswinkel im gleichschenklig-rechtwinkligen Dreieck ist 45° groß.
Der Vollwinkel im Kreis hat eine Größe von 360°.
$360° : 45° = 8$
Es können acht Dreiecke gezeichnet werden.

Alternative Lösung:
Die Lösung zu Teilaufgabe 3 b macht deutlich, dass die vier Basiswinkel mit dem gemeinsamen Scheitelpunkt einen gestreckten Winkel ergeben, somit ergeben sie bei acht Dreiecken einen Vollwinkel.

d) Das Dreieck D_1 ist ein halbes Quadrat mit der Seitenlänge 3 cm. Für den Flächeninhalt A_1 gilt dann:

$$A_1 = \frac{3\,\text{cm} \cdot 3\,\text{cm}}{2} = 4,5\,\text{cm}^2$$

Das Dreieck D_2 ist ein halbes Quadrat mit der Seitenlänge $\sqrt{18}$ cm. Für den Flächeninhalt A_2 gilt dann:

$$A_2 = \frac{\sqrt{18}\,\text{cm} \cdot \sqrt{18}\,\text{cm}}{2} = 9\,\text{cm}^2$$

Also verdoppelt sich der Flächeninhalt.

TIPP Wenn Du den Näherungswert aus Teilaufgabe 3 a verwendest, ergibt sich:
$$A_2 = \frac{4,243\,\text{cm} \cdot 4,243\,\text{cm}}{2} \approx 9,002\,\text{cm}^2$$

e) Der Flächeninhalt wird immer verdoppelt.

Somit hat das Dreieck D_6 einen Flächeninhalt von 144 cm^2 und das Dreieck D_7 einen Flächeninhalt von 288 cm^2. Es gibt also in der Folge kein Dreieck mit dem Flächeninhalt 250 cm^2.

f) Für den Flächeninhalt des Dreiecks D_8 gilt:

$D_8 = 2 \cdot D_7 = 2 \cdot 288 \text{ cm}^2 = 576 \text{ cm}^2$

[Oder mithilfe der Tabelle in Teilaufgabe 3 e:

$D_8 = D_5 \cdot 2 \cdot 2 \cdot 2 = 72 \text{ cm}^2 \cdot 8 = 576 \text{ cm}^2$]

Die Kathete des Dreiecks ist so lang wie die Seite des Quadrats, in dem die Hypotenuse die Diagonale bildet. Das Quadrat hat im Vergleich zum Dreieck D_8 den doppelten Flächeninhalt, also $1\ 152 \text{ cm}^2$. Die Seitenlänge beträgt dann:

$\sqrt{1152} \text{ cm} \approx 34 \text{ cm}$

Wenn Jan das Dreieck aus einem Blatt Papier ausschneiden und dabei den rechten Winkel des DIN-A4-Blattes für das Dreieck D_8 verwenden möchte, müssen beide Seiten des Blattes etwa 34 cm lang sein. Das ist aber bei einem DIN-A4-Blatt nicht der Fall.

Alternative Lösung:

Schneidet man ein gleichschenklig-rechtwinkliges Dreieck aus einem DIN-A4-Blatt aus, bleibt immer mehr als die Hälfte Abfall:

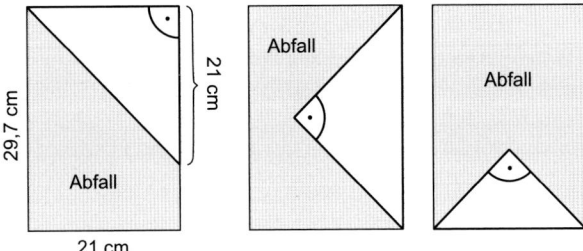

Der doppelte Flächeninhalt des Dreiecks D_8 beträgt $1\ 152 \text{ cm}^2$. Das DIN-A4-Blatt hat aber nur einen Flächeninhalt von $21 \text{ cm} \cdot 29,7 \text{ cm} \approx 624 \text{ cm}^2$.

Prüfungsteil I – Wahlmöglichkeit 1

Aufgabe 1

Kreuze an.

	richtig	falsch
$10^{-1} > 10^{-2}$	☐	☐
$-4^2 = (-4)^2$	☐	☐
2^2 ist die Hälfte von 2^4	☐	☐

Aufgabe 2

In dem abgebildeten Dreieck gilt:
$a = 22{,}4$ cm und $c = 25$ cm.

a) Berechne die Länge der Seite b.

b) Berechne die Größe des Winkels α.

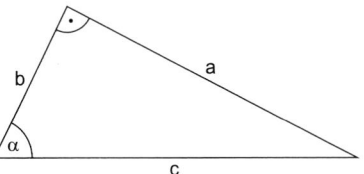

Aufgabe 3

Löse das lineare Gleichungssystem. Notiere deinen Lösungsweg.
I $2x + 3y = 20$
II $-2x + 8y = 68$

Aufgabe 4

Ergänze: $(2x + \boxed{})^2 = 4x^2 + \boxed{} + 9y^2$

Aufgabe 5

Der „General Sherman Tree" ist
ein Riesenmammutbaum und steht
im US-Bundesstaat Kalifornien.
Bestimme näherungsweise den
Durchmesser des Baumes in
Schulterhöhe des Mannes.
Beschreibe dein Vorgehen.

Aufgabe 6

Die Weltgesundheitsorganisation (WHO) empfiehlt eine körperliche Aktivität von
mindestens 2,5 Stunden pro Woche.
Das Diagramm zeigt den Anteil der Männer und Frauen, die mindestens 2,5 Stunden
pro Woche körperlich aktiv sind.

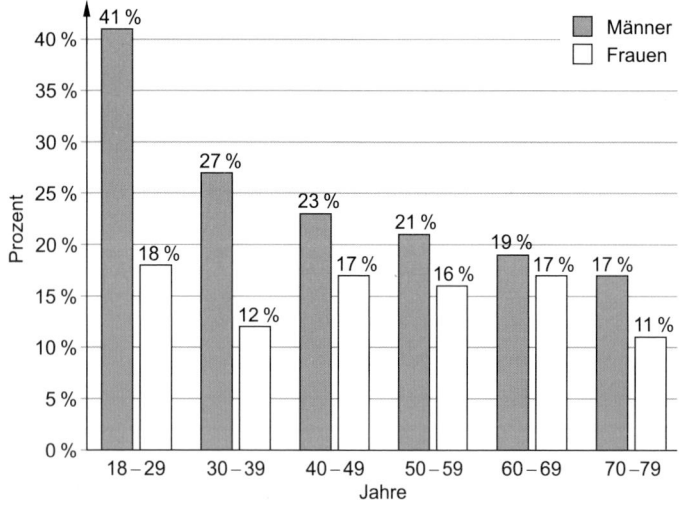

Körperliche Aktivität von mind. 2,5 Std. / Woche

a) Entscheide mithilfe des Diagramms und kreuze an.

	trifft zu	trifft nicht zu
Bei den 30- bis 39-Jährigen ist der Anteil der Männer, die mindestens 2,5 Stunden/Woche körperlich aktiv sind, mehr als doppelt so groß wie bei den Frauen.	☐	☐
Der Anteil der Männer, die mindestens 2,5 Stunden/Woche körperlich aktiv sind, ist in jeder Altersgruppe höher als der Anteil der Frauen der gleichen Altersgruppe.	☐	☐
Je älter Frauen werden, desto weniger entspricht ihre körperliche Aktivität der Empfehlung der WHO.	☐	☐

b) In der Gruppe der 18- bis 29-Jährigen gaben 123 Männer an, dass sie mindestens 2,5 Stunden pro Woche körperlich aktiv sind.
Berechne, wie viele Männer in dieser Altersgruppe befragt wurden.

Aufgabe 1

In jedem Fall ist es hilfreich, die Potenzen auszurechnen und in gewohnter Weise darzustellen.

Bei negativen Exponenten kannst du als Zwischenschritt die Bruchdarstellung wählen.

Achte bei der zweiten Aussage genau darauf, worauf sich das negative Vorzeichen bezieht.

Teilaufgabe 2 a

Das Dreieck ist rechtwinklig, also kannst du den Satz des Pythagoras anwenden.

Achte darauf, ob die Seite b Kathete oder Hypotenuse in dem Dreieck ist.

Teilaufgabe 2 b

Überlege, welche trigonometrische Beziehung zwischen den gegebenen Seiten und dem gesuchten Winkel besteht.

Wenn du Teilaufgabe 2 a gelöst hast, kannst du auch andere trigonometrische Beziehungen verwenden.

Schaue gegebenenfalls in der Formelsammlung nach.

Aufgabe 3

Überlege, warum sich das Additionsverfahren hier anbietet.

Denke daran, deinen Lösungsweg zu notieren.

Es müssen die Werte für beide Variablen x und y ermittelt werden.

Aufgabe 4

Notiere die erste binomische Formel zunächst mit den üblichen Parametern a und b.

Setze dann die entsprechenden Summanden aus beiden Darstellungen gleich und ermittle die Terme für a und b.

Aufgabe 5

Dies ist eine Fermi-Aufgabe.

Du sollst also den Durchmesser des Baumes nicht einfach schätzen, sondern mit gewissen Annahmen näherungsweise berechnen.

Überlege, von welcher durchschnittlichen Größe eines Mannes du ausgehen kannst.

Die ausgestreckten Arme zeigen in etwa in Richtung des Durchmessers des Baumes.

Denke daran, dass der Durchmesser des Baumes aber größer ist. Dieser soll in Schulterhöhe ermittelt werden.

Verwende zum Abmessen ein Geodreieck.

Teilaufgabe 6 a

Zu jeder Altersgruppe auf der Rechtsachse sind zwei Säulen eingetragen, die dunkel gefärbte für den Anteil der Männer und die weiß gefärbte Säule für den Anteil der Frauen.

Auf der Hochachse sind die jeweiligen Prozentsätze aufgetragen.

Vergleiche die Höhen der Säulen mit Blick auf das Geschlecht in einer bestimmten Altersgruppe, im Vergleich aller Altersgruppen bzw. bei den Frauen mit Blick auf alle Altersgruppen.

Teilaufgabe 6 b

Bei dieser Aufgabe zur Prozentrechnung wird der Grundwert berechnet.

Den Prozentsatz musst du an der passenden Stelle aus dem Diagramm ablesen.

Die passende Formel kannst du der Formelsammlung entnehmen.

Alternativ kannst du den Grundwert auch mit dem Dreisatz hochrechnen.

Lösungsvorschlag zum Prüfungsteil I – Wahlmöglichkeit 1

Aufgabe 1

Wegen $10^{-1} = \frac{1}{10} = 0,1$ und $10^{-2} = \frac{1}{10^2} = \frac{1}{100} = 0,01$ gilt:

$0,1 > 0,01 \quad \Rightarrow \quad 10^{-1} > 10^{-2}$

Wegen $-4^2 = -16$ und $(-4)^2 = 16$ gilt:
$-4^2 \neq (-4)^2$

Es gelten $2^2 = 4$ und $2^4 = 16$. 4 ist ein Viertel von 16. Daher ist 2^2 nicht die Hälfte von 2^4.

Damit ergibt sich folgende Antwort:

	richtig	falsch
$10^{-1} > 10^{-2}$	✗	☐
$-4^2 = (-4)^2$	☐	✗
2^2 ist die Hälfte von 2^4	☐	✗

Aufgabe 2

a) In dem rechtwinkligen Dreieck mit der Hypotenuse c und den Katheten a und b gilt:
$a^2 + b^2 = c^2$

Die gegebenen Werte werden eingesetzt:
$(22,4\,\text{cm})^2 + b^2 = (25\,\text{cm})^2$

Die Gleichung wird nach b aufgelöst:
$b^2 = (25\,\text{cm})^2 - (22,4\,\text{cm})^2$

$b = \sqrt{(25\,\text{cm})^2 - (22,4\,\text{cm})^2} \approx 11,1\,\text{cm}$

Die Seite b ist etwa 11,1 cm lang.

b) In dem rechtwinkligen Dreieck gilt:

$\sin\alpha = \dfrac{a}{c} = \dfrac{22,4\,\text{cm}}{25\,\text{cm}} \quad \Rightarrow \quad \alpha \approx 63,6°$

Der Winkel α ist ungefähr 63,6° groß.

Alternative Lösung:

$\cos\alpha = \dfrac{b}{c} = \dfrac{11,1\,\text{cm}}{25\,\text{cm}} \quad \Rightarrow \quad \alpha \approx 63,6°$

Alternative Lösung:

$\tan\alpha = \dfrac{a}{b} = \dfrac{22,4\,\text{cm}}{11,1\,\text{cm}} \quad \Rightarrow \quad \alpha \approx 63,6°$

Aufgabe 3

Da sich die Terme, die die Variable x enthalten, nur um das Vorzeichen unterscheiden, bietet sich für die Lösung das Additionsverfahren an.

$$\begin{aligned}
\text{I} \qquad & 2x + 3y = 20 \\
\text{II} \qquad & -2x + 8y = 68 \\
\text{I} + \text{II} \qquad & 11y = 88 \qquad \big|:11 \\
& y = 8
\end{aligned}$$

Einsetzen in I:

$$\begin{aligned}
2x + 3 \cdot 8 &= 20 \\
2x + 24 &= 20 \qquad \big| -24 \\
2x &= -4 \qquad \big|:2 \\
x &= -2
\end{aligned}$$

Alternative Lösung: Gleichsetzungsverfahren
Beide Gleichungen werden nach ein und derselben Variablen aufgelöst. Die entstehenden Terme werden gleichgesetzt.

$$\begin{aligned}
\text{I} \qquad 2x + 3y &= 20 \qquad \big| -3y \\
2x &= 20 - 3y \qquad * \\
\text{II} \quad -2x + 8y &= 68 \qquad \big| -8y \\
-2x &= 68 - 8y \qquad \big| \cdot (-1) \\
2x &= -68 + 8y
\end{aligned}$$

Gleichsetzen der beiden Terme:

$$\begin{aligned}
20 - 3y &= -68 + 8y \qquad \big| +3y + 68 \\
88 &= 11y \qquad \big|:11 \\
y &= 8
\end{aligned}$$

Einsetzen in *:

$$\begin{aligned}
2x &= 20 - 3 \cdot 8 \\
2x &= -4 \qquad \big|:2 \\
x &= -2
\end{aligned}$$

Alternative Lösung: Einsetzungsverfahren
Eine Gleichung wird nach einer Variablen aufgelöst, in der zweiten Gleichung wird diese Variable durch den entstandenen Term ersetzt.

$$\begin{aligned}
\text{I} \quad 2x + 3y &= 20 \qquad \big| -3y \\
2x &= 20 - 3y \qquad \big|:2 \\
x &= 10 - 1{,}5y \qquad *
\end{aligned}$$

Einsetzen in Gleichung II:

II $\quad -2(10-1,5y)+8y=68$

$\quad\quad\quad -20+3y+8y=68$

$\quad\quad\quad\quad -20+11y=68 \quad |+20$

$\quad\quad\quad\quad\quad\quad 11y=88 \quad |:11$

$\quad\quad\quad\quad\quad\quad\quad y=8$

Einsetzen in *:

$x = 10-1,5\cdot 8 = 10-12 = -2$

Aufgabe 4

Die erste binomische Formel lautet allgemein:

$(a+b)^2 = a^2 + 2ab + b^2$

Ein Vergleich mit dem gegebenen Term ergibt:

$a = 2x$

$b^2 = 9y^2 \quad \Rightarrow \quad b = 3y$

> **TIPP** Bei dem gegebenen Term handelt es sich um die erste binomische Formel, sodass die Lösung $b = -3y$ nicht infrage kommt.

Es folgt:

$2ab = 2\cdot 2x \cdot 3y = 12xy$

Somit ergibt sich der folgende Term:

$(2x+3y)^2 = 4x^2 + 12xy + 9y^2$

Aufgabe 5

Es wird davon ausgegangen, dass der Mann etwa 1,80 m groß ist.
Die Spannweite der ausgestreckten Arme ist etwa genauso groß.
Auf dem Foto sind der Mann und die Spannweite der Arme jeweils etwa 1 cm groß.
Der Baum hat auf dem Foto in Schulterhöhe des Mannes etwa einen Durchmesser von 4 cm.

$4\cdot 1,80\,m = 7,20\,m$

Der Baum hat in Höhe der Schultern ungefähr einen Durchmesser von 7,20 m.

Aufgabe 6

a) Die erste Aussage trifft zu:
Der Anteil der Männer in der genannten Altersgruppe ist mit 27 % mehr als doppelt so groß wie bei den Frauen mit 12 %.

Die zweite Aussage trifft zu:
In jeder Altersgruppe ist die dunkel gefärbte Säule (entsprechend dem Anteil der Männer) höher als die nicht gefärbte Säule (entsprechend dem Anteil der Frauen).

Die dritte Aussage trifft nicht zu:
Die Höhe der nicht gefärbten Säulen nimmt nicht kontinuierlich ab, sondern ist Schwankungen unterworfen.

b) Der Prozentsatz p % beträgt 41 %.
Der Prozentwert W beträgt 123.
Gesucht ist der Grundwert G.

Es gilt:

$$W = \frac{p}{100} \cdot G \quad \Leftrightarrow \quad G = \frac{W \cdot 100}{p}$$

Einsetzen ergibt:

$$G = \frac{123 \cdot 100}{41} = 300$$

Es wurden 300 Männer befragt.

Alternative Lösung: Dreisatz

$$41\% \; \hat{=} \; 123$$
$$1\% \; \hat{=} \; 3$$
$$100\% \; \hat{=} \; 300$$

Aufgabe 1

Wandle jeweils in die angegebene Größe um:

2,25 h $\quad$ = _____ min;

1 238,6 g $\quad$ = _____ kg;

0,12 m³ $\quad$ = _____ ℓ

Aufgabe 2

Gegeben ist der Funktionsgraph einer linearen Funktion.

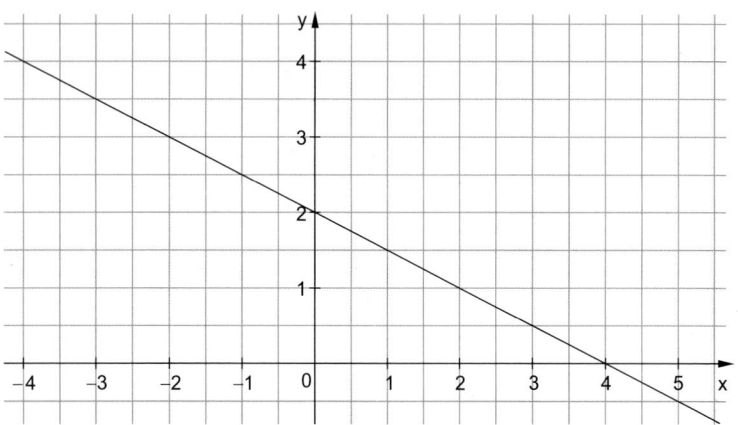

a) Ergänze in der Wertetabelle die fehlenden Werte.

x	−2	0	1	2
y				

b) Bestimme die zugehörige Funktionsgleichung: y = _____

c) Die Gerade soll an der y-Achse gespiegelt werden. Zeichne die gespiegelte Gerade in das Koordinatensystem ein.

Aufgabe 3

Ergänze: $(2x + \boxed{})^2 = 4x^2 + \boxed{} + 9y^2$

Aufgabe 4

Der „General Sherman Tree" ist
ein Riesenmammutbaum und steht
im US-Bundesstaat Kalifornien.
Bestimme näherungsweise den
Durchmesser des Baumes in
Schulterhöhe des Mannes.
Beschreibe dein Vorgehen.

Aufgabe 5

Die Weltgesundheitsorganisation (WHO) empfiehlt eine körperliche Aktivität von
mindestens 2,5 Stunden pro Woche.
Das Diagramm zeigt den Anteil der Männer und Frauen, die mindestens 2,5 Stunden
pro Woche körperlich aktiv sind.

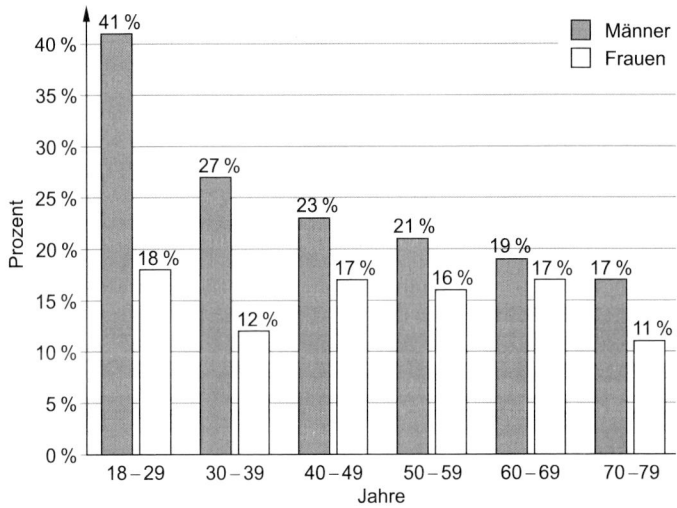

a) Entscheide mithilfe des Diagramms und kreuze an.

	trifft zu	trifft nicht zu
Bei den 30- bis 39-Jährigen ist der Anteil der Männer, die mindestens 2,5 Stunden/Woche körperlich aktiv sind, mehr als doppelt so groß wie bei den Frauen.	☐	☐
Der Anteil der Männer, die mindestens 2,5 Stunden/Woche körperlich aktiv sind, ist in jeder Altersgruppe höher als der Anteil der Frauen der gleichen Altersgruppe.	☐	☐
Je älter Frauen werden, desto weniger entspricht ihre körperliche Aktivität der Empfehlung der WHO.	☐	☐

b) In der Gruppe der 18- bis 29-Jährigen gaben 123 Männer an, dass sie mindestens 2,5 Stunden pro Woche körperlich aktiv sind.
Berechne, wie viele Männer in dieser Altersgruppe befragt wurden.

Aufgabe 1

Stelle zunächst 1 h in Minuten dar.

Die Einheit kg ist größer als die Einheit g, verschiebe also das Komma in die richtige Richtung. Denke dabei an die Bedeutung der Vorsilbe „kilo".

Vor der Umwandlung musst du zunächst die Einheit Liter in dm^3 umrechnen.

Teilaufgabe 2 a

Hier wird erwartet, dass du die y-Werte aus der Abbildung abliest.

Teilaufgabe 2 b

Verwende die Grafik: Den y-Achsenabschnitt kannst du direkt ablesen, die Steigung ermittelst du mithilfe eines Steigungsdreiecks.

Setze beide Werte in die allgemeine Geradengleichung ein.

Alternativ kannst du den y-Achsenabschnitt in der Tabelle ablesen. Für die Steigung musst du herausfinden, wie sich der y-Wert verändert, wenn du den x-Wert um 1 erhöhst.

Beachte zur Kontrolle, dass es eine fallende Gerade ist.

Teilaufgabe 2 c

Der Punkt auf der y-Achse bleibt beim Spiegeln an der y-Achse erhalten.

Du benötigst also nur noch einen weiteren beliebigen Punkt, um mit dessen Spiegelpunkt die gespiegelte Gerade zu zeichnen.

Aufgabe 3

siehe Aufgabe 4 aus Prüfungsteil I, Wahlmöglichkeit 1

Aufgabe 4

siehe Aufgabe 5 aus Prüfungsteil I, Wahlmöglichkeit 1

Aufgabe 5

siehe Aufgabe 6 aus Prüfungsteil I, Wahlmöglichkeit 1

Aufgabe 1

$2{,}25 \text{ h} = 2{,}25 \cdot 60 \text{ min} = 135 \text{ min}$

„kilo" bedeutet „tausend". Daraus ergibt sich:
$1\,238{,}6 \text{ g} = 1{,}2386 \text{ kg}$

Wegen $1 \ \ell = 1 \text{ dm}^3$ gilt:
$0{,}12 \text{ m}^3 = 120 \text{ dm}^3 = 120 \ \ell$

Aufgabe 2

a)

x	−2	0	1	2
y	3	2	1,5	1

b) Die allgemeine Funktionsgleichung lautet $y = m \cdot x + b$, wobei m die Steigung der Geraden angibt und b den y-Achsenabschnitt.

Aus der Abbildung ergibt sich für den y-Achsenabschnitt der Wert $b = 2$.
Da es sich um eine fallende Gerade handelt, ist die Steigung m negativ.

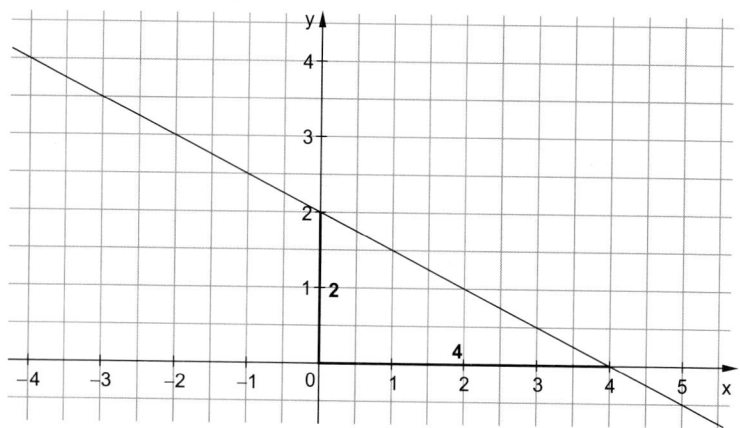

Aus dem eingezeichneten Steigungsdreieck ergibt sich:

$$m = -\frac{2}{4} = -\frac{1}{2} = -0{,}5$$

Damit ergibt sich die Funktionsgleichung:
$y = -0{,}5x + 2$

Alternative Lösung: Verwendung der Tabelle
Verwendet wird die ausgefüllte Tabelle aus Teilaufgabe 2 a. Zum x-Wert 0 gehört
der y-Wert 2, also ist der y-Achsenabschnitt b = 2. Wenn x um 1 vergrößert wird
(z. B. von 1 auf 2), verringert sich der y-Wert um 0,5, also ist die Steigung
m = −0,5.

c) Ein beliebiger Punkt auf der Geraden (z. B. der Punkt (−2|3)) wird an der y-Achse
gespiegelt. Der Spiegelpunkt hat die Koordinaten (2|3). Es wird eine Gerade
durch diesen Punkt und den Punkt (0|2) gezeichnet, die dann die gespiegelte
Gerade darstellt.

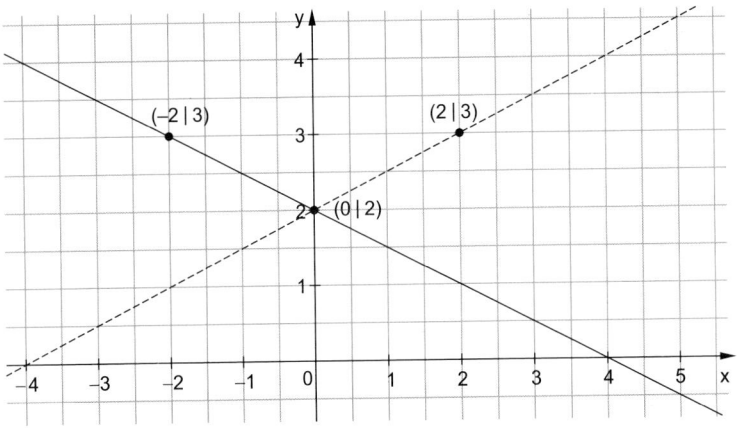

Aufgabe 3
siehe Aufgabe 4 aus Prüfungsteil I, Wahlmöglichkeit 1

Aufgabe 4
siehe Aufgabe 5 aus Prüfungsteil I, Wahlmöglichkeit 1

Aufgabe 5
siehe Aufgabe 6 aus Prüfungsteil I, Wahlmöglichkeit 1

Aufgabe 1: Rösti

Ein Unternehmen stellt nach eigenem Rezept aus Kartoffeln sogenannte Rösti her (Abbildung 1). Dazu wird der Teig in eine zylindrische Form gegossen (Abbildung 2) und anschließend gebacken. Für ein Rösti benötigt man 100 g Teig.

Abbildung 1: Rösti aus Kartoffeln

a) 100 g Teig haben ein Volumen von 81 cm³. Berechne, wie viel Gramm ein Kubikzentimeter Teig wiegt.

b) Ein Rösti soll 2 cm dick sein und ein Volumen von 81 cm³ haben. Zeige, dass die zylindrische Form einen Durchmesser von ca. 7,2 cm haben muss.

Abbildung 2: zylindrische Form

c) Das Unternehmen möchte zusätzlich Mini-Rösti herstellen. Ein Mini-Rösti soll auch 2 cm dick sein, aber nur das halbe Volumen haben. Ein Mitarbeiter behauptet: „Für ein Mini-Rösti brauchen wir eine Form mit halbem Durchmesser!" Hat er recht? Begründe deine Entscheidung.

Bevor die Rösti verpackt werden, wird zuerst das Gewicht und dann das Aussehen kontrolliert. Bei der Kontrolle des Gewichts erfüllen 98 % der Rösti die Vorgabe. Die anderen Rösti werden direkt aussortiert. Bei der anschließenden Kontrolle des Aussehens erfüllen 99 % die Vorgabe. Erneut werden die restlichen Rösti aussortiert.

d) Zeichne ein Baumdiagramm, das die beschriebene Situation darstellt.

e) Bei einer Kontrolle werden insgesamt 447 Röstis aussortiert. Entweder entsprachen das Gewicht oder das Aussehen nicht der Vorgabe. Berechne, wie viele Röstis vermutlich kontrolliert wurden.

Bildnachweis: Abbildung 1: ALF photo/AdobeStock

Aufgabe 2: Wassermelonen

Für ein Schulprojekt beschäftigt sich Sinja mit der Form und dem Wachstum von Wassermelonen.

Sinja hat eine nahezu kugelförmige Wassermelone gekauft, die einen Durchmesser von ca. 25 cm hat (Abbildung 1).

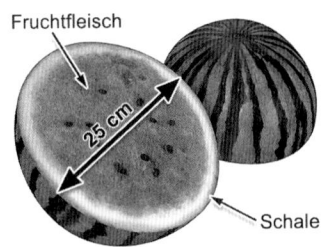

Fruchtfleisch

25 cm

Schale

Abbildung 1:
aufgeschnittene Wassermelone

a) Zeige rechnerisch, dass diese Wassermelone ein Volumen von V ≈ 8 200 cm³ hat.

b) Die Schale der Wassermelone hat eine Dicke von 1,5 cm (Abbildung 1).
   Berechne den prozentualen Anteil des Fruchtfleisches an der ganzen Wassermelone.

Sinja entdeckt würfelförmige Wassermelonen, die in Japan verkauft werden (Abbildung 2).

c) Eine würfelförmige Wassermelone hat ebenfalls ein Volumen von V = 8 200 cm³.
   Bestätige durch eine Rechnung, dass diese Wassermelone eine Kantenlänge von ca. 20,2 cm hat.

d) Entscheide durch eine Rechnung, ob die kugelförmige oder die würfelförmige Wassermelone eine größere Oberfläche hat.

Abbildung 2:
würfelförmige Wassermelone

Wassermelonen verdoppeln ihr Gewicht pro Woche unter idealen Wachstumsbedingungen. Sinja überlegt, wie sich das Gewicht einer 400 g schweren Wassermelone unter idealen Bedingungen voraussichtlich entwickelt. Sie erstellt dazu eine Tabelle.

Beobachtungswoche	0	1	2	…
Gewicht in g	400	800	1 600	…

e) Berechne das Gewicht der Wassermelone nach 4 Wochen.

f) Sinja behauptet: „Der Graph in Abbildung 3 beschreibt das Wachstum dieser Wassermelone."
   Hat Sinja recht? Begründe deine Entscheidung.

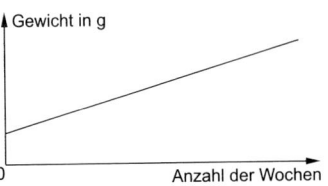

Gewicht in g

0

Anzahl der Wochen

Abbildung 3: Graph zum Wachstum der Wassermelone

Bildnachweis: Abbildung 1: © Andrey Simonenko | Dreamstime.com; Abbildung 2: Laughlin Elkind/Flickr, CC BY 2.0

Aufgabe 3: Parabel und Rechteck

Julia zeichnet mithilfe einer Geometriesoftware die Parabel f mit der Funktionsgleichung $f(x) = -0{,}5x^2 + 5{,}5$ in ein Koordinatensystem (Abbildung 1).

a) Bestätige durch eine Rechnung, dass der Punkt $A_1(3\,|\,1)$ auf der Parabel f liegt.

b) Begründe mit den Eigenschaften dieser Parabel, dass der Punkt $B_1(-3\,|\,1)$ ebenfalls auf dem Graphen von f liegt.

c) Die Punkte C_1 und D_1 liegen auf der x-Achse und bilden mit den Punkten A_1 und B_1 das Rechteck $A_1B_1C_1D_1$. Berechne den Umfang dieses Rechtecks.

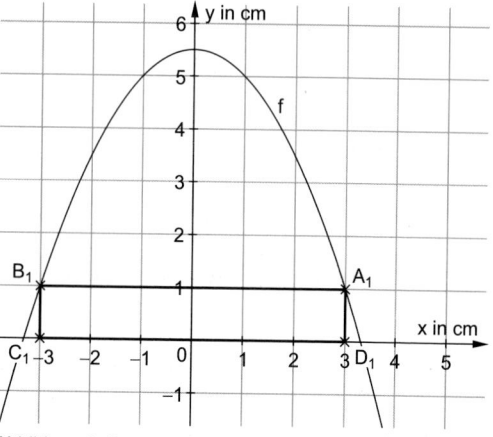

Abbildung 1: Parabel f und Rechteck $A_1B_1C_1D_1$

Ausgehend von anderen Punkten auf der Parabel f kann man auf die gleiche Art weitere Rechtecke zeichnen.

d) (1) Zeichne den Punkt $A_2(1\,|\,5)$ in Abbildung 1 ein.

(2) Ergänze die drei weiteren Punkte B_2, C_2 und D_2 und verbinde die vier Punkte zu dem Rechteck $A_2B_2C_2D_2$.

Julia stellt den Term (I) auf, mit dem man den Umfang für jedes dieser Rechtecke berechnen kann. Dazu nutzt sie die bekannte Formel zur Berechnung des Umfangs eines Rechtecks und erhält:

(I) $2 \cdot 2x + 2 \cdot (-0{,}5x^2 + 5{,}5)$

Dabei ist $x > 0$ und steht für die x-Koordinate des zum Rechteck gehörenden Punktes A_1, A_2 usw.

e) Begründe, dass mit dem Term (I) der Umfang jedes dieser Rechtecke berechnet werden kann.

Julia vereinfacht den Term (I) zu (II) $-x^2 + 4x + 11$.

f) Zeige durch Termumformungen, dass die beiden Terme (I) und (II) gleichwertig sind.

g) Julia stellt die folgende Gleichung auf:
$-x^2 + 4x + 11 = 14{,}75$
(1) Löse die Gleichung.
(2) Erkläre das Ergebnis in Bezug auf die Rechtecke unter der Parabel f.

h) Der Term (II) kann auch als Funktion u mit $u(x) = -x^2 + 4x + 11$ interpretiert werden.
   (1) Bestimme den Scheitelpunkt der Funktion u und
   (2) erkläre seine Bedeutung für die Umfangsbetrachtung.

TIPP Lösungshinweise zum Prüfungsteil II

Teilaufgabe 1 a
Beide Größen sind proportional zueinander.
Bilde den richtigen Quotienten: gefragt ist nach „Gramm pro Kubikzentimeter".

Teilaufgabe 1 b
Du sollst davon ausgehen, dass die Form vollständig mit Teig gefüllt ist.
Die Formel für das Volumen eines Zylinders findest du in der Formelsammlung.
Beachte, dass nach dem Durchmesser, nicht nach dem Radius gefragt ist.

Teilaufgabe 1 c
Entsprechend Teilaufgabe 1 b berechnest du den Durchmesser für das halbe Volumen.
Umgekehrt kannst du den Durchmesser halbieren und dazu das Volumen berechnen.
Alternativ untersuchst du allgemein den Zusammenhang zwischen dem Volumen V und dem Durchmesser d.

Teilaufgabe 1 d
Bei einer Verzweigung ergeben die Prozentsätze zusammen 100 %.
Zunächst wird das Gewicht kontrolliert, dann erst das Aussehen.
Achte darauf, dass wegen des Gewichts aussortierte Rösti nicht mehr auf das Aussehen geprüft werden.

Teilaufgabe 1 e
Betrachte alle Wege im Baumdiagramm, die zu dem Ereignis „Ein Rösti wird aussortiert" gehören.
Markiere sie gegebenenfalls.
Verwende die beiden Pfadregeln, um die Wahrscheinlichkeit zu berechnen, dass ein Rösti aussortiert wird.
Du kannst diese Wahrscheinlichkeit auch als relative Häufigkeit interpretieren.

Teilaufgabe 2a

Die Formel für das Volumen einer Kugel findest du in der Formelsammlung.
Im Text ist der Durchmesser angegeben. Den Radius musst du noch berechnen.

Teilaufgabe 2b

Das Innere der Wassermelone mit dem Fruchtfleisch kann ebenso als kugelförmig angesehen werden.
Berechne zunächst den zugehörigen Radius.
Die ganze Wassermelone stellt den Grundwert dar, das Fruchtfleisch den Prozentwert.

Teilaufgabe 2c

Die Formel für das Volumen eines Würfels mit der Kantenlänge a musst du nach a auflösen.
Das Würfelvolumen V ist in der Aufgabe gegeben.

Teilaufgabe 2d

Die Formelsammlung informiert über die zugehörigen Formeln zur Berechnung der Oberfläche.
Achte bei der kugelförmigen Wassermelone auf den richtigen Radius.
Vergiss nicht, die beiden Rechenergebnisse miteinander zu vergleichen.

Teilaufgabe 2e

Die Entwicklung des Gewichts ist im Text beschrieben und wird zudem in der Tabelle deutlich.
Du sollst das Gewicht nach 4 Wochen berechnen, das entspricht nicht der nächsten Tabellenspalte, sondern der übernächsten.

Teilaufgabe 2f

Überlege, welche Art von Wachstum durch den Graphen in Abbildung 3 beschrieben wird.
Überprüfe anhand der Tabelle, ob dieses Wachstum hier vorliegt.

Teilaufgabe 3a

Du musst überprüfen, ob zum x-Wert 3 der Funktionswert 1 gehört.
Die Funktionsgleichung ist angegeben.

Teilaufgabe 3b

Nutze die Symmetrieeigenschaften der Parabel, die in der Abbildung 1 deutlich werden.

Die Lage des Scheitelpunktes informiert über die Symmetrieachse.

Überlege, wie sich eine Spiegelung des Punktes A_1 an der Symmetrieachse auswirkt.

Teilaufgabe 3 c

Die Seitenlängen des Rechtecks kannst du der Abbildung 1 entnehmen.

Bei einem Rechteck sind jeweils zwei Seiten gleich lang.

Teilaufgabe 3 d

Beachte die Lage der Punkte B_2, C_2 und D_2.

B_2 erhält man durch Spiegelung von A_2 an der y-Achse.

C_2 und D_2 liegen auf der x-Achse, sodass sie mit A_2 und B_2 ein Rechteck bilden.

Teilaufgabe 3 e

Die Formel zur Berechnung des Umfangs eines Rechtecks hast du schon in Teilaufgabe 3 c benutzt.

Bei einem Rechteck sind jeweils zwei Seiten gleich lang. Achte darauf, mit dem Betrag zu rechnen.

Die senkrechten Seiten kannst du mit dem gegebenen Funktionsterm ausdrücken.

Die Zeichnung aus Teilaufgabe 3 d ist dabei hilfreich.

Teilaufgabe 3 f

Multipliziere die Klammer aus und fasse gleichartige Terme zusammen.

Teilaufgabe 3 g

Verwende zur Lösung die pq-Formel, die quadratische Ergänzung oder auch den Taschenrechner.

Du musst die Gleichung dazu erst auf die Normalform bringen.

Der Term auf der linken Seite beschreibt den Umfang eines beliebigen Rechtecks, der Zahlenwert auf der rechten Seite gibt einen konkreten Umfang vor.

Teilaufgabe 3 h

Der x-Wert des Scheitelpunktes liegt in der Mitte zwischen den beiden Nullstellen.

Alternativ kannst du die Funktion u in der Scheitelpunktform darstellen.

Beachte, dass der Scheitelpunkt der höchste Punkt der zu u gehörigen Parabel ist, also an der Stelle der Funktionswert am größten ist.

Lösungsvorschlag zum Prüfungsteil II

Aufgabe 1

a) $\dfrac{100\,\text{g}}{81\,\text{cm}^3} \approx 1,2\,\dfrac{\text{g}}{\text{cm}^3}$

Ein Kubikzentimeter Teig wiegt etwa 1,2 g.

b) Für das Volumen der zylinderförmigen Form mit dem Radius r und der Höhe h gilt:

$V = \pi \cdot r^2 h$

Einsetzen der Werte und Auflösen nach dem Radius r ergibt:

$81\,\text{cm}^3 = \pi \cdot r^2 \cdot 2\,\text{cm} \quad |:(\pi \cdot 2\,\text{cm})$

$\qquad r^2 \approx 12,89\,\text{cm}^2 \quad |\sqrt{}$

$\qquad r \approx 3,6\,\text{cm}$

Damit gilt für den Durchmesser:

$d = 2r = 2 \cdot 3,6\,\text{cm} = 7,2\,\text{cm}$

c) Entsprechend Teilaufgabe 1 b ergibt sich für das halbe Volumen:

$40,5\,\text{cm}^3 = \pi \cdot r^2 \cdot 2\,\text{cm} \quad |:(\pi \cdot 2\,\text{cm})$

$\qquad r^2 \approx 6,45\,\text{cm}^2 \quad |\sqrt{}$

$\qquad r \approx 2,5\,\text{cm}$

Damit gilt für den Durchmesser:

$d = 2r = 2 \cdot 2,5\,\text{cm} = 5\,\text{cm}$

Eine Form mit halbem Durchmesser reicht nicht aus. Der Durchmesser muss größer sein als die Hälfte des ursprünglichen Durchmessers.

Alternative Lösung:
Der neue Durchmesser wird halbiert:

$d_{neu} = 3,6\,\text{cm} \implies r_{neu} = 1,8\,\text{cm}$

Damit ergibt sich für das neue Volumen:

$V_{neu} = \pi \cdot (1,8\,\text{cm})^2 \cdot 2\,\text{cm} \approx 20,4\,\text{cm}^3$

Das Volumen ist wesentlich kleiner als die Hälfte des ursprünglichen Volumens.

Alternative Lösung:
Wenn der Mitarbeiter recht hätte, wären das Volumen V und der Durchmesser d zueinander proportional, also auch das Volumen V und der Radius r.
In der Formel für das Volumen $V = \pi \cdot r^2 h$ wird aber deutlich, dass V nicht proportional zum Radius r ist. Der Mitarbeiter hat also nicht recht.

d) Alle Rösti, die das Gewicht nicht erfüllen, werden direkt aussortiert. Rösti, die das Gewicht nicht erfüllen, werden also nicht mehr auf ihr Aussehen untersucht.

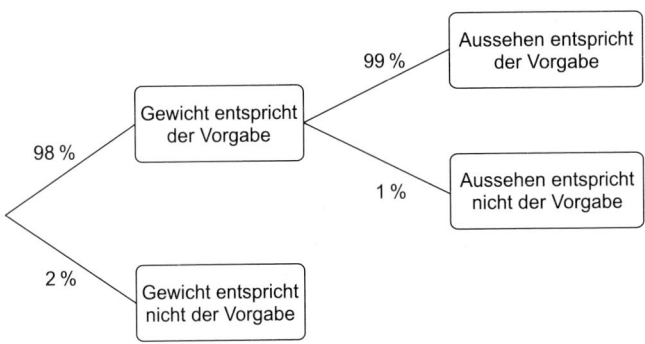

e) Ein Rösti wird aussortiert, wenn das Gewicht nicht der Vorgabe entspricht (2 %) bzw. das Gewicht, aber nicht das Aussehen der Vorgabe entspricht
$(98\% \cdot 1\% = 0,98 \cdot 0,01 = 0,0098)$.

Mit der 2. Pfadregel ergibt sich:
P(Ein Rösti wird aussortiert) $= 0,02 + 0,0098 = 0,0298$

Berechnung der Anzahl n der kontrollierten Röstis:

$n \cdot 0,0298 = 447 \qquad |:0,0298$
$\qquad\qquad n = 15\,000$

Es wurden vermutlich 15 000 Rösti kontrolliert.

Aufgabe 2

a) Für das Volumen V einer Kugel mit dem Radius r gilt:

$$V = \frac{4}{3} \cdot \pi \cdot r^3$$

Wenn die Wassermelone einen Durchmesser von etwa 25 cm hat, beträgt der Radius etwa 12,5 cm. Damit ergibt sich für das Volumen der Wassermelone:

$$V = \frac{4}{3} \cdot \pi \cdot (12,5\,\text{cm})^3 = 8\,181,23\ldots\,\text{cm}^3 \approx 8\,200\,\text{cm}^3$$

b) Das Innere der Wassermelone hat einen Durchmesser von
$25\,\text{cm} - 2 \cdot 1,5\,\text{cm} = 22\,\text{cm}$ und somit einen Radius von 11 cm.

Für das Volumen V_{innen} des Fruchtfleisches gilt also:

$$V_{\text{innen}} = \frac{4}{3} \cdot \pi \cdot (11\,\text{cm})^3 \approx 5\,575\,\text{cm}^3$$

Der prozentuale Anteil an der ganzen Wassermelone beträgt:

$$\frac{V_{\text{innen}}}{V} = \frac{5\,575\,\text{cm}^3}{8\,200\,\text{cm}^3} \approx 0,68 = 68\%$$

c) Für das Volumen V eines Würfels mit der Kantenlänge a gilt:
$$V = a^3$$

Einsetzen und Auflösen nach a ergibt:
$$8\,200\,\text{cm}^3 = a^3$$
$$a = \sqrt[3]{8\,200\,\text{cm}^3} \approx 20,2\,\text{cm}$$

d) Für die kugelförmige Wassermelone mit dem Radius r = 12,5 cm gilt:
$$O_{\text{Kugel}} = 4 \cdot \pi \cdot r^2 = 4 \cdot \pi \cdot (12,5\,\text{cm})^2 \approx 1\,963\,\text{cm}^2$$

Für die würfelförmige Wassermelone mit der Kantenlänge a = 20,2 cm gilt:
$$O_{\text{Würfel}} = 6 \cdot a^2 = 6 \cdot (20,2\,\text{cm})^2 \approx 2\,448\,\text{cm}^2$$

Der Vergleich der beiden Werte ergibt:
$$1\,963\,\text{cm}^2 < 2\,448\,\text{cm}^2$$
Also hat die würfelförmige Wassermelone bei gleichem Volumen eine größere Oberfläche.

e) Nach 2 Wochen beträgt das Gewicht 1 600 g. Nach 4 Wochen hat sich das Gewicht zweimal verdoppelt:
$$1\,600\,\text{g} \cdot 2 \cdot 2 = 6\,400\,\text{g}$$
Nach 4 Wochen hat die Wassermelone ein Gewicht von 6 400 g.

Alternative Lösung:
Das Gewicht kann auch schrittweise berechnet werden:
Nach 3 Wochen: $1\,600\,\text{g} \cdot 2 = 3\,200\,\text{g}$
Nach 4 Wochen: $3\,200\,\text{g} \cdot 2 = 6\,400\,\text{g}$

f) Der Graph in Abbildung 3 stellt ein lineares Wachstum dar. Das bedeutet, dass sich in gleichen Zeiträumen das Gewicht gleichmäßig erhöht.
Das ist hier aber nicht der Fall. Das Gewicht verdoppelt sich von Woche zu Woche. Die Tabelle sagt aus, dass das Gewicht in der ersten Woche von 400 g auf 800 g steigt, also um 400 g zunimmt. In der zweiten Woche nimmt es von 800 g auf 1 600 g zu, also um 800 g. Somit ist das Wachstum nicht linear.

Aufgabe 3

a) Der Wert x = 3 wird in die Funktionsgleichung eingesetzt:
$$y = f(3) = -0,5 \cdot 3^2 + 5,5 = -4,5 + 5,5 = 1$$
Der berechnete Funktionswert stimmt mit dem gegebenen überein, also liegt A_1 auf der Parabel.

b) Der Scheitelpunkt S der Parabel hat die Koordinaten S(0 | 5,5). Er liegt auf der y-Achse. Somit ist die y-Achse Symmetrieachse der Parabel. Spiegelt man einen Punkt an der y-Achse, bleibt der y-Wert erhalten und der x-Wert ändert sein Vorzeichen.
Somit erhält man bei Spiegelung des Punktes $A_1(3 | 1)$ den Punkt $B_1(-3 | 1)$.
Dieser liegt wegen der Symmetrie ebenfalls auf der Parabel.

c) Für den Umfang U gilt:
$U = 2 \cdot 6 \text{ cm} + 2 \cdot 1 \text{ cm} = 14 \text{ cm}$

d)

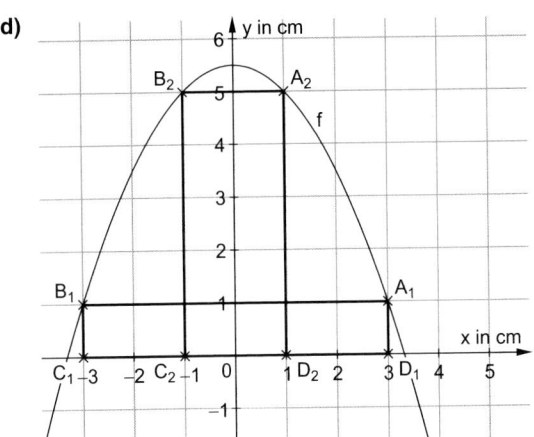

e) Für den Umfang U eines Rechtecks mit den Seitenlängen a und b gilt allgemein:
$U = 2 \cdot a + 2 \cdot b$

Mit den Bezeichnungen aus dem Koordinatensystem ergibt sich:
$U = 2 \cdot 2x + 2y = 2 \cdot 2x + 2 \cdot (-0,5x^2 + 5,5)$

f) $2 \cdot 2x + 2 \cdot (-0,5x^2 + 5,5) = 4 \cdot x - x^2 + 11 = -x^2 + 4x + 11$

g) (1) Die Gleichung wird zunächst umgeformt:

$$-x^2 + 4x + 11 = 14,75 \quad | -14,75$$
$$-x^2 + 4x - 3,75 = 0 \quad | \cdot (-1)$$
$$x^2 - 4x + 3,75 = 0$$

Lösung mithilfe der pq-Formel:

$$x_{1/2} = -\frac{p}{2} \pm \sqrt{\left(\frac{p}{2}\right)^2 - q}$$

Einsetzen von p = −4 und q = 3,75 ergibt:

$$x_{1/2} = 2 \pm \sqrt{(-2)^2 - 3,75} = 2 \pm \sqrt{4 - 3,75} = 2 \pm \sqrt{0,25} = 2 \pm 0,5$$
$$x_1 = 2 + 0,5 = 2,5$$
$$x_2 = 2 - 0,5 = 1,5$$

Alternative Lösung: quadratische Ergänzung

$$x^2 - 4x + 3,75 = 0 \qquad \text{quadratische Ergänzung}$$
$$x^2 - 4x + 2^2 - 2^2 + 3,75 = 0 \qquad \text{2. binomische Formel}$$
$$(x - 2)^2 - 0,25 = 0$$
$$(x - 2)^2 = 0,25$$
$$x - 2 = 0,5 \ \vee \ x - 2 = -0,5$$
$$x = 2,5 \ \vee \ x = 1,5$$

(2) Die angegebene Gleichung hat zwei Lösungen, also gibt es unter der Parabel zwei verschiedene Rechtecke, die den gleichen Umfang U = 14,75 cm besitzen. Bei einem der beiden Rechtecke hat der Punkt A die x-Koordinate 1,5. Bei dem anderen Rechteck hat der Punkt A die x-Koordinate 2,5.

h) (1) Die Nullstellen werden mit der pq-Formel bestimmt.

$$-x^2 + 4x + 11 = 0 \quad \big| \cdot (-1)$$
$$x^2 - 4x - 11 = 0$$

Einsetzen von p = −4 und q = −11 ergibt:

$$x_{1/2} = 2 \pm \sqrt{(-2)^2 - (-11)} = 2 \pm \sqrt{4 + 11} = 2 \pm \sqrt{15}$$
$$x_1 = 2 + \sqrt{15}$$
$$x_2 = 2 - \sqrt{15}$$

In der Mitte zwischen den beiden Nullstellen liegt der Wert x = 2.
Der Funktionswert lautet u(2) = 15.
Also hat der Scheitelpunkt die Koordinaten (2 | 15).

Alternative Lösung: mit der Scheitelpunktform

$$u(x) = -x^2 + 4x + 11 \qquad \text{Ausklammern}$$
$$= -(x^2 - 4x - 11) \qquad \text{quadratische Ergänzung}$$
$$= -(x^2 - 4x + 2^2 - 2^2 - 11) \qquad \text{2. binomische Formel}$$
$$= -(x - 2)^2 + 15$$

Also hat der Scheitelpunkt die Koordinaten (2 | 15).

(2) Wenn der Punkt A die x-Koordinate 2 hat, hat das Rechteck unter der Parabel den größten Umfang mit 15 cm.

Um dir die Prüfung 2023 schnellstmöglich zur Verfügung stellen zu können, bringen wir sie in digitaler Form heraus.

Sobald die Original-Prüfungsaufgaben 2023 freigegeben sind, können sie als PDF auf **MyStark** heruntergeladen werden (Zugangscode auf der Umschlaginnenseite).

Aktuelle Prüfung

www.stark-verlag.de/mystark